LE LAC DES FÉES

OPÉRA EN CINQ ACTES,

PAROLES

DE MM. SCRIBE ET MELESVILLE,

MUSIQUE DE M. AUBER,

REPRÉSENTÉ POUR LA PREMIÈRE FOIS,

SUR LE THEATRE DE L'ACADEMIE ROYALE DE MUSIQUE,

LE 1ᵉʳ AVRIL 1839.

Prix : 1 Franc.

PARIS

BEZOU, LIBRAIRE,
RUE MESLAY, 34.

BARBA, LIBRAIRE, | JONAS,
PALAIS-ROYAL, A CÔTÉ DE CHEVET. | LIBRAIRE DE L'OPÉRA.

1839

LE LAC DES FÉES,

OPÉRA EN CINQ ACTES.

Ballets de M. Coraly.
Décors de MM. Philastre et Cambon.

IMPRIMERIE DE E. DUVERGER,
RUE DE VERNEUIL, N° 4.

LE LAC DES FÉES

OPÉRA EN CINQ ACTES,

PAROLES

DE MM. SCRIBE ET MELESVILLE,

MUSIQUE DE M. AUBER,

REPRÉSENTÉ POUR LA PREMIÈRE FOIS,
SUR LE THÉATRE DE L'ACADÉMIE ROYALE DE MUSIQUE,
LE 1er AVRIL 1839.

PARIS.

BEZOU, LIBRAIRE,
RUE MESLAY, 34.

BARBA, LIBRAIRE,
PALAIS-ROYAL, A CÔTÉ DE CHEVET.

JONAS,
LIBRAIRE DE L'OPÉRA.

1839

CHANT.

ACTE PREMIER.

Coryphées.

Mlles Forster, Mercier, Adèle Dumilâtre, Saint-Just.

Mesd. Athalie, Laurent, Kolnberg, Marquet 1re, Provost, Dimier, Célarius 1re, Célarius 2e, Robert, Josset, Elise, Wiéthof, Célestine, Robin, Julia, Desjardins 2e, Victorine, Capon, Caroline, Gougibus, Paget, Courtois, Dabas, Potier.

ACTE DEUXIÈME.

MM. Bégrand, abbé; Isambert, soldat.

PEUPLE.

MM. Dugit, Huguet, Millot, Brillant, Briolle, Clément, Provost 1er, Ernest, Cornet 2e, Wiéthof, Provost 2e.

PEUPLE.

Mlles Haasnleut, Duc, Coupotte, Hénard 2e, Leclerq, Saulnier 2e, Géandron 1re, Géandron 2e, Délie, Géandron 3e, Bizor, Bounier, Grandjean, Pérès 2e, Rodriguez, Delapoterie, Lacoste 2e, Avroin, Potier, Guerino, Cassau.

ACTE TROISIÈME.

ÉTUDIANTS.

MM. Brillant, Constant, Huguet, Briolle, Durand, Barrez 2e.

GRISETTES.

Mlles Desjardins 2e, Marquet 1re, Laurent, Provost, Julia, Dimier.

SEIGNEURS.

MM. Lenfant, Grenier, L. Petit, Lefèvre, Ch. Petit, Mignot, Cornet 1er, Lenoir.

PAGES.

Mlles Galby, Baillet, Saulnier 3e, Pézée.

BOULANGÈRES.

Mlles Marinon, Verneuil, Duval, Géandron 3e, Lenoir, Lemaître, Gelot, Defrance, Brunet, Lafondé.

LES TROIS ROIS MAGES.

MM. Isambert, Bégrand, Caré.

ESCLAVES NOIRS.

MM. Provost 1er, Alex. Petit, Ponceau, Charvet.

PEUPLE.

Les dames et les enfants du deuxième acte.

DANSE.

ACTE TROISIÈME.

MM. Coust, Bacchus. Barrez 1er, Silène.

Mlle Maria, Ariane.

PAS DE TROIS ALLEMANDES.

Mlles Fitzjames 1re, Alexis, Noblet.

Coryphées.

MM. Quériau, Corali, Desplaces 2e, Honoré, Adice.

Mlles Albertine, Mercier, Forster, Dumilâtre 1re, Dumilâtre 2e, Saint-Just.

FAUNES.

MM. Guiffard, Gondoin, Chatillon, Cellarius, Ch. Petit, Clément, Millot, Dugit, Renauzy, Sauton, Scio, Fromage.

BACCHANTES.

Mlles Pérès 1re, Robin, Colson, Célarius 1re, Célarius 2e, Kolnberg, Caroline, Célestine, Victorine, Duménil 2e, Athalie, Wiéthof.

SATYRES.

MM. Ernest, Cornet 2e, Gourdoux, Rouyet, Jules, Dimier, Wiéthof, Lejeune, Maujin, Martin. Mlles Paget, Senti.

PETITES BACCHANTES.

Mlles Robert, Bénard 1re, Courtois, Josset, Chevalier, Deletre, Senti, Delbes, Toussaint, Dabas, Danse, Masson.

ACTE QUATRIÈME.

DAMES.

Mesd. Marinon, Verneuil, Duval, Lenoir, Lemaître, Brunet, Géandron 3e, Gélot, Defrance, Lafondé.

Les quatre Pages du troisième acte.

Les Seigneurs du troisième acte.

FEMMES DE CHAMBRE.

Mesd. Savatier, Lacoste.

PETITES FÉES.

Mlles Courtois, Senti, Potier.

ACTE CINQUIÈME.

Les Fées du premier acte.

La reine des Fées, Mlle Guérinot.

PERSONNAGES.

ACTEURS.

ALBERT, étudiant...........................	MM. Duprez.
RODOLPHE DE CRONEMBOURG, seigneur châtelain........	Levasseur.
ISSACHAR, marchand juif...........................	Wartel.
FRITZ. \} étudiants, compagnons d'Albert...........	Ferdinand Prévost.
CONRAD.	Alexis Dupont.
PIKLER, truand.................................	Molinier.
MARGUERITE, aubergiste.......................	Mmes Stolz.
ZÉILA, jeune fée.................................	Nau.
EDDA, jeune fée. \}	
Un jeune patre.	Elian Barthélemy.

Chœur des fées.
Chœur des étudiants.
Chœur des seigneurs qui accompagnent Rodolphe.
Chœur des valets et servantes de l'auberge.
Pages.
Officiers.
Soldats.
Marchands.
Truands, compagnons de Pikler.

LE LAC DES FÉES

OPÉRA EN CINQ ACTES.

ACTE PREMIER.

Le théâtre représente un site dans les montagnes du Hartz. Au fond du théâtre, un lac circulaire entouré de rochers élevés, et qui n'a d'ouverture qu'en face du spectateur. A droite et à gauche, des chemins escarpés qui conduisent dans la montagne.

SCÈNE I.

ALBERT, FRITZ, CHOEUR DE JEUNES ÉTUDIANTS.

Au lever du rideau on aperçoit sur les rochers, à droite, Albert qui appelle ses compagnons. Ils gravissent le rocher, descendent le chemin escarpé et paraissent sur la scène.

INTRODUCTION.

CHOEUR D'ÉTUDIANTS.

A travers ces rochers terribles,
Ces montagnes inaccessibles,
Sans crainte avançons, compagnons !
Parcourons ces bois, ces vallons,
Et du sort ne doutons jamais ;
L'audace conduit au succès !

ALBERT, *regardant autour de lui.*

Les rochers élevés qui forment cette enceinte
Nous ferment le chemin.

FRITZ.

D'ici comment sortir ?

ALBERT.

As-tu peur ?

FRITZ.

Non, vraiment.

à part.

Mais je tremble de crainte.

haut.

C'est la faute d'Albert.

ALBERT.

J'ai voulu parcourir
Ces cantons inconnus.

FRITZ.

Ces montagnes terribles,
Ordinaire séjour des esprits invisibles.

ALBERT, *riant.*

Nous sommes égarés !

FRITZ.

Où trouver un chemin ?
Nous mourons à la fois et de soif et de faim.

ALBERT.

Tiens, vois-tu ce beau lac et son onde limpide ?
Et puis ne vois-tu pas au haut de ce rocher
Ce jeune pâtre qui, timide,
Nous regarde de loin et n'ose s'approcher ?

LES ÉTUDIANTS, *au pâtre.*

Descends, descends !

FRITZ, *le couchant en joue.*

Ou crains cette arbalète !

ALBERT.
Il nous entend...et, tremblant pour sa tête,
Il se glisse en rampant le long de ce rocher.

LE CHOEUR, *pendant que le pâtre descend.*

A travers ces rochers terribles,
Ces montagnes inaccessibles,
Sans crainte avançons, compagnons !
Parcourons ces bois, ces vallons,
Et du sort ne doutons jamais ;
L'audace conduit au succès !

SCÈNE II.

LES PRÉCÉDENTS, LE PATRE. *Il s'avance en tremblant.*

ALBERT, *le rassurant et le prenant par la main.*
En quels lieux sommes-nous ?

LE PATRE.
            Auprès du lac des Fées
Où quelque esprit malin vient d'égarer vos pas.
Aussi, fuyez ces bords ou craignez le trépas !

ALBERT.
Un trépas glorieux !

FRITZ, *voulant fuir.*
            A de pareils trophées
Moi, je n'aspire pas.

ALBERT, *le retenant.*
            Sur ce lac merveilleux
Achève ton récit.

LE PATRE.
            On dit dans nos montagnes
Qu'une gentille fée et ses jeunes compagnes
Vers le milieu du jour viennent du haut des cieux
Se baigner dans cette onde et limpide et discrète.

ALBERT, *riant.*
C'est charmant.

LE PATRE.
            Mais, malheur à l'œil audacieux
Qui voudrait les surprendre !

FRITZ, *à ses compagnons.*
            Amis, quittons ces lieux !

ALBERT.
Non pas ! restons encore.

FRITZ.
            As-tu perdu la tête ?
Pour des étudiants comme nous...

ALBERT, *fièrement.*
            Il est beau
De tenter une telle aventure.

FRITZ.
            Il insiste !
Lui qui va de l'hymen allumer le flambeau,
Lui qui doit épouser la plus belle aubergiste
De ce canton !

ALBERT.
Qu'importe !

FRITZ, *au jeune pâtre qui, assis à gauche sur un quartier de rocher, s'est mis tranquillement à déjeuner.*
            Ami, sais-tu, dis-moi,
Un chemin qui d'ici nous ramène à la ville,
A Cologne ?

LE PATRE, *se levant et laissant sur le banc de pierre son manteau et son chapeau.*
            Un chemin ? Il en est un, je crois ;
Mais il faut le chercher, et ce n'est pas facile.

TOUS.
Eh bien ! cherchons, cherchons ; tu guideras nos pas.

FRITZ, *prenant le bras d'Albert.*
Allons, Albert.

ALBERT, *se dégageant et avec impatience.*
            Eh ! oui, je ne vous quitte pas.

LE CHOEUR.
A travers ces rochers terribles,
Ces montagnes inaccessibles,
Sur ses pas, marchons, compagnons !
Parcourons ces bois, ces vallons ;
Mais ne nous exposons jamais ;
La prudence mène au succès.

Ils sortent tous par la droite, conduits par le pâtre. Albert, qui est resté le dernier, les laisse partir et revient sur le devant du théâtre pendant que ses compagnons s'éloignent.

SCÈNE III.

ALBERT, *seul.*

RÉCITATIF.

Ils s'éloignent ! je reste... et je ne saurais dire
Quel trouble ou quel espoir a fait battre mon cœur !
Songes que j'ai formés, amour auquel j'aspire,
Existez-vous, ou bien n'êtes-vous qu'une erreur ?

CANTABILE.

De nos docteurs j'ai rêvé la science;
L'étude, hélas! ne remplit pas mon cœur!
J'avais rêvé l'amour et sa puissance;
Je l'ai connu sans trouver le bonheur.

CAVATINE.

Gentille fée, au doux sourire,
Fille des airs, ange des cieux,
Est-ce auprès de vous que respire
Ce bonheur, objet de mes vœux?

  Fée immortelle,
  Ma voix t'appelle!
  Flamme nouvelle
  Vient m'embraser.
  A mon délire
  Daigne sourire,
  Et que j'expire
  Dans un baiser!

Viens, viens!

Gentille fée, au doux sourire,
Fille des airs, ange des cieux,
C'est auprès de toi que respire
Ce bonheur, objet de mes vœux.

On entend au loin dans les airs des sons harmonieux.

Mais quels accents se font entendre?
Écoutons!

Le bruit augmente et s'approche.

  Quel chant inconnu
Du haut du ciel semble descendre!
Filles des airs, m'auriez-vous entendu?

Les chants aériens redoublent, et Albert, hors de lui, se soutient à peine de surprise et d'émotion.

  O surprise! ô bonheur!
  Et quel trouble enchanteur
  Vient enivrer mon cœur!

SCÈNE IV.

ALBERT, puis **ZÉILA** et **SES COMPAGNES**.

Du haut des rochers à gauche on voit descendre sur le lac une troupe de jeunes filles portant un voile déployé qui les soutient dans les airs. Elles s'abattent dans le lac derrière les rochers à droite et disparaissent un instant aux yeux du spectateur.

ALBERT.

Du ciel, se détachant en brillantes étoiles,
Quelles divinités descendent vers ces lieux?
On dirait, au zéphir qui se joue en leurs voiles,
D'un navire léger qui sillonne les cieux?...

En ce moment Zéila et ses compagnes sortent de derrière les rochers, en robe de gaze et tenant leur voile à la main. D'autres fées sont déjà dans les eaux du lac où elles se baignent.

O mystère nouveau!... Spectacle gracieux!
Cachons-nous!... Dérobons mon bonheur à
 leurs yeux!

Il se cache dans un creux de rocher à droite, derrière un massif d'arbres verts. Zéila et toutes les fées descendent sur la scène.

CHOEUR.

  Sur cette prairie,
  Viens, ma sœur chérie.
  De ce lac si pur
  Que j'aime l'azur!
  D'une aile légère
  Descendons sur terre.
  On trouve en ces lieux
  Les plaisirs des cieux!

Elles forment des danses et des groupes gracieux.

ZÉILA.

Et pourtant les mortels, en leurs frayeurs
 étranges,
Redoutent notre aspect qu'on leur dit dangereux,
Lorsque c'est nous, filles des anges,
Nous qui les protégeons et qui veillons sur eux!
  J'envoie aux belles fiancées,
  Comme à leurs jeunes amoureux,
  Le jour, de riantes pensées,
  Et la nuit, des songes heureux!

CHOEUR.

  Sur cette prairie,
  Viens, ma sœur chérie.
  De ce lac si pur
  Que j'aime l'azur!
  D'une aile légère
  Descendons sur terre!...
  On trouve en ces lieux
  Les plaisirs des cieux!

Les danses recommencent, et les fées, qui s'apprêtent à se baigner, déposent sur les bancs de gazon ou sur les rochers le voile qu'elles tiennent à la main.

ZÉILA.

Mais dans nos courses vagabondes,
Pour braver à la fois et les airs et les ondes,
Conservons bien, mes sœurs, ce voile si léger...

DEUXIÈME FÉE.

Notre seul talisman!

ZÉILA.

Par lui point de danger !
Posé sur notre front, vers la voûte éternelle
Il nous permet de remonter soudain !
Et lorsque nous l'ôtons, c'est la simple mortelle
Qui reparaît !...

ALBERT, *à part et derrière le rocher à droite.*

O mystère divin !
Ah !... si j'osais !...

Il avance la main et prend le voile que Zéila vient de placer près du rocher où il est caché. Il serre ce voile dans son sein. Pendant ce temps Zéila à gauche s'apprête à se baigner. Elle va dénouer sa ceinture lorsqu'on entend dans le lointain des cris qui se répondent.

CHOEUR, *en dehors appelant.*

Albert !...

ZÉILA.

Au loin dans la montagne
Quels sont ces cris ?

CHOEUR, *en dehors.*

Albert !!

ALBERT, *à part.*

Ce sont mes compagnons !

LE CHOEUR DES FÉES.

Loin des yeux indiscrets, fuyons !

Elles reprennent leur voile et s'enfuient en désordre vers le lac. Elles disparaissent derrière les rochers.

ZÉILA, *seule sur le devant du théâtre et cherchant à réparer le désordre de sa toilette.*

Attendez-moi !...

Elle aperçoit Fritz et ses compagnons qui paraissent sur les rochers à droite. Elle n'a plus le temps de fuir.

L'on vient !

Elle se cache précipitamment dans une embrasure de rocher à gauche, où, sans être aperçue de Fritz et de ses compagnons, elle reste en vue du spectateur.

SCÈNE V.

LES PRÉCÉDENTS, FRITZ, SES COMPAGNONS, ALBERT, *qui vient de sortir de sa cachette.*

FRITZ, *à Albert.*

Dans l'effroi qui nous gagne
Nous te cherchons, nous t'appelons !

ALBERT.

Vous marchiez d'un pied si rapide
Que je n'ai pu vous suivre et j'ai perdu vos pas !

FRITZ.

Nous avons, grâce à notre guide,
Découvert un sentier !... Viens, ne demeurons pas
Dans ce séjour maudit où quelque sort funeste
Nous menace...

ALBERT, *regardant autour de lui.*

Non pas !... J'y suis bien, et j'y reste !

ZÉILA, *à part.*

Il est brave, du moins !

FRITZ.

Si quelque esprit follet
Vient t'enlever !

ALBERT, *de même.*

Tant mieux !

ZÉILA.

Son audace me plaît !
Puis, il n'est pas trop mal pour un mortel...

FRITZ.

Allons,
Bon gré, mal gré, tu nous suivras !

LE CHOEUR, *voulant entraîner Albert.*

Partons !

ALBERT.

Laissez-moi !

FRITZ.

Je le veux !

ALBERT.

Laissez-moi, compagnons !

ENSEMBLE.

ZÉILA, *à part et sans être vu des étudiants.*

J'admire son courage ;
Se fiant aux destins,
Il veut braver l'orage
Et même les lutins.

voyant qu'on l'entraîne.

Il a beau faire, hélas !
On entraîne ses pas.

FRITZ *et ses compagnons.*

N'entends-tu pas l'orage
Gronder dans le lointain ?
Il faut, c'est le plus sage,
Nous remettre en chemin.

l'entraînant malgré lui.

Avec nous tu viendras,
Oui, tu suivras nos pas !

ALBERT.

Que m'importe l'orage ?
Je veux, c'est mon dessein,
Dans ce séjour sauvage
Rester jusqu'à demain.

ne pouvant résister au nombre.

Ah ! j'ai beau faire, hélas !
Il faut suivre leurs pas.

Albert, malgré ses efforts, est entraîné par Fritz et ses compagnons, et disparaît avec eux par le sentier à droite.

SCÈNE VI.

ZÉILA, *sortant du creux du rocher*, LES FÉES, *sortant du lac.*

LE CHŒUR.

Entends-tu les orages
Gronder dans le lointain ?
Du séjour des nuages
Reprenons le chemin.

DEUXIÈME FÉE, *à Zéila qui regarde toujours vers la droite.*

Zéila !... Zéila !... ne nous entends-tu pas !

ZÉILA, *suivant toujours Albert des yeux.*

A travers les rochers on entraîne ses pas !

DEUXIÈME FÉE.

Déjà les eaux du lac se soulèvent. Allons,
Il est temps !... Reprenons nos voiles et partons !

LE CHŒUR.

Quittons ces prairies ;
Oui, mes sœurs chéries,
De ce lac si pur
Se ride l'azur !
D'une aile légère
Quittons cette terre,
Et, filles des cieux,
Remontons vers eux.

Chacune des fées tient un voile à la main et disparaît derrière les rochers. Un instant après on les voit s'élever des bords du lac et remonter vers le ciel.

SCÈNE VII.

ZÉILA, *seule.*

Elle est restée la dernière, occupée qu'elle était à suivre Albert des yeux ; elle se retourne et voit les fées qui déjà sont parties.

AIR.

Mes sœurs !... mes sœurs !... attendez-moi de grâce !

cherchant son voile.

Mon voile !... mon voile !... Il était là, je croi !
Je l'avais mis à cette place !...
Voilà qu'elles partent sans moi !
Mes sœurs, mes sœurs, attendez-moi !

regardant au fond pendant que l'orage devient plus fort.

Elles s'élèvent dans les airs,
M'abandonnant pendant l'orage !
Là-haut... là-haut... dans ce nuage...
Je crois les voir encor...

poussant un cri d'effroi.

Ah ! je les perds !

Strette de l'air.

L'orage augmente,
Et d'épouvante
Je suis tremblante !
Où puis-je fuir ?
En vain j'appelle ;
Faible mortelle,
Terreur nouvelle
Vient me saisir !

apercevant le manteau et le chapeau de paille que le pâtre a oubliés sur le banc de rocher, elle s'en enveloppe.

Ah ! ce manteau... Mais où porter mes pas...
Ils parlaient d'un sentier...

cherchant à droite.

Cherchons... cherchons... hélas !...
L'orage augmente,
Et d'épouvante
Je suis tremblante !
Où puis-je fuir ?
En vain j'appelle ;
Faible mortelle,
Terreur nouvelle
Vient me saisir !...
Mes sœurs, mes sœurs, veillez sur moi !
Partons, partons, je meurs d'effroi !
Mes sœurs, protégez-moi !

Enveloppée dans le manteau elle disparaît par le sentier à droite, au moment où l'orage éclate dans toute sa force.

ACTE DEUXIÈME.

Le théâtre représente la cour d'une riche auberge, sur la route de Cologne. A gauche et à droite, des bâtiments auxquels on arrive par des escaliers extérieurs. Au fond, grande porte charretière donnant sur la grande route. A droite, un grand arbre sous lequel sont placées plusieurs tables.

SCÈNE I.

MARGUERITE, GARÇONS ET SERVANTES D'AUBERGE, VOYAGEURS.

Au lever du rideau, plusieurs voyageurs viennent d'arriver ; des garçons d'auberge conduisent leurs chevaux à l'écurie. Des voyageurs s'asseyent près des tables et l'on s'empresse de les servir.

CHOEUR DES VALETS ET SERVANTES.
Encor des équipages
Et de nouveaux bagages :
Tant mieux pour nous, tant mieux !
Vivent les voyageurs quand ils sont généreux !

MARGUERITE, *sortant de chez elle et allant faire la révérence aux voyageurs qui descendent de cheval ou de litière.*

AIR.

Arrêtez-vous à notre porte,
Beau chevalier, noble seigneur ;
Vous trouverez hôtesse accorte,
Bon vin et surtout bonne humeur !

à des voyageurs qui s'approchent d'elle et qui lui parlent bas.

Non, messeigneurs ; portez ailleurs
Et vos soupirs et vos douceurs !

Adieu, conquêtes
Que j'avais faites ;
Adieu fleurettes,
Adieu galants !
Pour votre peine
Suis inhumaine ;
L'hymen m'enchaîne,
Il n'est plus temps !

Il faut vous taire ;
Il faut bannir
Vœu téméraire,
Brûlant soupir !
L'hymen qui veille
Est mon gardien,
Et mon oreille
N'entend plus rien.

Adieu, conquêtes
Que j'avais faites ;
Adieu fleurettes,
Adieu galants !
Pour votre peine
Suis inhumaine ;
L'hymen m'enchaîne,
Il n'est plus temps !

Dans ce moment arrivent de nouveaux voyageurs et le chœur reprend.

LE CHOEUR.
Encor des équipages
Et de nouveaux bagages ;
Tant mieux pour nous, tant mieux !
Vivent les voyageurs quand ils sont généreux !

Marguerite donne de nouveaux ordres à ses valets d'auberge et à ses servantes qui emmènent les voyageurs ou s'empressent de les servir.

SCÈNE II.

MARGUERITE, *restée seule et regardant autour d'elle.*

Comment Albert, mon prétendu,
N'est-il pas encor revenu ?
De ces étudiants, ses jeunes camarades,
Je n'aime pas les longues promenades,

Et quand il sera mon mari
Il ne sortira plus qu'avec moi, Dieu merci!

Elle monte par l'escalier à gauche et on la voit entrer dans les chambres qui sont au premier étage.

SCÈNE III.

ALBERT, *entrant vivement par la porte du fond qui se referme quelque temps après qu'il est entré.*

Oui, toujours cette image!!!

se jetant sur une chaise.

     O fée enchanteresse!
Ton souvenir m'enivre et me poursuit sans cesse
De mille sentiments incertains et confus;
Mes sens sont tour à tour charmés et combat-
  tus...

se levant brusquement.

Et cette jeune hôtesse à me plaire empressée!
Ah! je croyais l'aimer et je ne l'aime plus!
  Et cependant elle est ma fiancée!...
  Et cependant... le plus terrible encor,
  Je lui dois vingt-cinq écus d'or!
Et comment m'éloigner? comment rompre avec
  elle
   Avant de m'acquitter d'abord?

Apercevant un marchand, le juif Issachar, qui entre en ce moment.

SCÈNE IV.

ALBERT, ISSACHAR.

ALBERT.

Ah! le juif Issachar... providence mortelle
De nos étudiants!...

s'adressant à lui.

    Veux-tu faire un effort
Pour moi, juif?

ISSACHAR.

Pourquoi pas? Que te faut-il, jeune homme?

ALBERT.

Prête-moi vingt-cinq écus d'or.

ISSACHAR.

 Volontiers! mais pour cette somme
Quel gage m'est offert?

ALBERT.

    Pas d'autre, en vérité,
 Que moi!... ma personne!!!

ISSACHAR, *lui tendant la main.*

     Accepté.

ALBERT, *avec enthousiasme.*

O gloire d'Israël et de la synagogue!
Pour ce trait généreux je veux te mettre en
  vogue!
Tu seras révéré par moi, par mes amis,
Descendant d'Abraham et de Jacob!...

ISSACHAR, *lui donnant un papier qu'il vient d'écrire.*

     Tiens... lis.
Et signe!

ALBERT, *lisant l'écrit.*

«Dans deux mois nous promettons de rendre
«Les vingt-cinq écus d'or qu'Issachar nous
 prêta.
«Si j'y manque... j'enchaîne à lui, dès ce jour-
 là,
«Ma liberté, mon sang!...»

s'arrêtant.

    Qui! moi! j'irais me vendre?
Homme libre, je deviendrais
Ton vassal, ton esclave!

ISSACHAR.

    Eh! mais,
Lorsque l'on n'a que sa personne
Pour seul trésor... il faut bien qu'on la donne!

ALBERT.

Non! laisse-moi!... Jamais, jamais
Ma main ne signera de semblables billets!

ISSACHAR, *s'éloignant et entrant dans l'intérieur de l'auberge.*

Soit!

ALBERT.

Et va-t-en rejoindre en enfer, où tu marches,
Abraham et Jacob, et tous les patriarches!

SCÈNE V.

ALBERT, *seul et regardant autour de lui.*

Et maintenant comment quitter ces lieux?
Comment chercher au loin la charmante syl-
 phide
Que ce tissu léger me rappelle?

Il tire de son sein le voile de Zéila, le regarde et le presse plusieurs fois contre ses lèvres.

SCÈNE VI.

ALBERT, MARGUERITE, *sortant d'une chambre du premier étage, s'arrêtant sur le balcon et apercevant Albert.*

MARGUERITE.

     Ah! grands dieux!
Le voici! Quel est donc ce voile précieux
 Que sur sa bouche a pressé le perfide?
Je le saurai!

On frappe à la porte du fond qui a été refermée après l'entrée d'Albert.

ALBERT.

   L'on vient!... Cachons à tous les yeux
 Mon bonheur, mon trouble et mes vœux!

Il entre dans une des chambres à gauche pendant que Marguerite descend l'escalier.

MARGUERITE, *allant ouvrir.*

Qui frappe ainsi?

SCÈNE VII.

MARGUERITE, ZÉILA, *couverte d'un manteau et d'un chapeau de paille comme à la fin du premier acte.*

ZÉILA.

ROMANCE.

Premier couplet.

 La nuit et l'orage
 Ont égaré mes pas!
 Et dans ce village
 On ne me connaît pas!
 Je n'ai qu'un seul droit
 Et je le réclame!...
 J'ai faim... j'ai bien froid!
 Pitié... noble dame!
 J'ai faim... j'ai bien froid!
 Prenez pitié de moi!

Deuxième couplet.

 Vous êtes si belle!
 Dieu n'a pas fait pour vous
 Une âme cruelle
 Avec des yeux si doux!
 Je n'ai qu'un seul droit
 Et je le réclame!...
 J'ai faim... j'ai bien froid!
 Pitié... noble dame!
 J'ai faim... j'ai bien froid!
 Prenez pitié de moi!

MARGUERITE.

Vous recevoir!... et que savez-vous faire?

ZÉILA.

Rien, madame, mais j'apprendrai!

MARGUERITE.

Et vous n'avez jamais servi?

ZÉILA.

    Non!
    à part.
    Au contraire!

haut.

N'importe!... je travaillerai
Pour rien!

MARGUERITE, *étonnée.*

  Pour rien!

ZÉILA.

    Je ne demande
Point de gages!

MARGUERITE, *à part.*

   C'est différent!
On peut toujours, la pitié le commande,
Essayer à ce prix son zèle et son talent!

haut.

Mais pour rester ici d'abord il vous faut prendre
 D'autres habits!...

lui montrant la porte de l'escalier qui est au fond du théâtre.

   Vous en trouverez là!

ZÉILA.

Que de remercîments!

MARGUERITE, *lui faisant signe de sortir.*

  C'est bien!

ZÉILA, *en sortant.*

    Ah! me voilà
Servante! et sans rien craindre, au moins, je
 puis attendre.

Elle disparaît par l'escalier qui est au fond du théâtre.

SCÈNE VIII.

MARGUERITE, *seule et plongée dans ses réflexions.*

Oui, je veux éclaircir un soupçon outrageant!...
Oui... ce voile qu'Albert pressait si tendrement...

C'était celui d'une rivale,
J'en suis certaine !... et de ce talisman,
Dont l'influence m'est fatale,
Je saurai m'emparer !... Malheur à lui... malheur !...

Elle va monter l'escalier par lequel Albert a disparu, lorsqu'un bruit de cors se fait entendre. Elle donne ordre à ses valets, qui accourent, d'ouvrir la grande porte de l'auberge, et elle-même va au-devant des voyageurs qui arrivent.

SCÈNE IX.

RODOLPHE, MARGUERITE, PIQUEURS ET ÉCUYERS.

Le comte Rodolphe de Cronembourg, précédé de ses piqueurs et de ses écuyers. Il vient de descendre de cheval, et l'on voit en dehors de la porte ses chevaux que l'on tient en bride et sa meute que l'on tient en lesse. Une fanfare bruyante annonce son arrivée. Marguerite court présenter ses hommages à Rodolphe, son seigneur, lui fait la révérence et l'engage à se reposer dans son auberge. Tout cela s'est fait sur la ritournelle de l'air suivant.

RODOLPHE.

AIR.

Sonne ! sonne ! bon piqueur !
Vous, mes vassaux, faites place !
C'est votre seigneur qui passe,
C'est Rodolphe le chasseur !
Sonne ! sonne ! bon piqueur !
Vivent l'amour et la chasse !
Sonne ! sonne ! bon piqueur !

à demi-voix.

Avec adresse, avec audace,
En vieux chasseur je suis la trace
De l'ennemi qui croit, hélas !
Pouvoir me dérober ses pas !
Adroit gibier, ou bachelette,
Vous voulez fuir !... mais je vous guette...

avec finesse.

Je vous suis... je vous tiens... tayaut !... tayaut !
Et bientôt... et bientôt...

d'un air de triomphe.

Sonne ! sonne ! bon piqueur !
Vivent l'amour et la chasse !
Voici le vainqueur qui passe,
C'est Rodolphe le chasseur !
Sonne ! sonne ! bon piqueur !

En avant, compagnons !
Hardiment franchissons
Les fossés, les buissons !
A travers les moissons
Galopons ventre à terre...
A moi la plaine entière !!...
Gare !... gare !... tout est à moi,
Je règne !!... je suis roi !

Silence !... paysans !
Taisez-vous !.. vils manants,
Craignez mon arquebuse.
Que m'importent vos prés
Par mes chiens labourés !...
Votre seigneur s'amuse !..

Votre enfant est blessé ?...
Votre blé renversé ?...
Mais le cerf est forcé !!!

En avant, compagnons !
Hardiment franchissons
Les fossés, les buissons !
A travers les moissons
Courons avec audace !
Amis !... vive la chasse !
Tayaut !... tayaut !... ici tout est à moi !
Je règne !... je suis roi !

A la fin de cet air les seigneurs de la suite de Rodolphe entrent dans les appartements à gauche ; les piqueurs emmènent les chevaux et la meute du côté des écuries à droite.

SCÈNE X.

MARGUERITE, RODOLPHE.

MARGUERITE.

Vous allez, monseigneur, signaler votre adresse.

RODOLPHE.

Et suivant mon usage, ici, ma belle hôtesse,
De toi je viens quérir le coup de l'étrier !

Marguerite fait un signe ; on lui apporte sur un plat d'argent un grand gobelet qu'elle remplit et qu'elle présente au comte Rodolphe.

RODOLPHE, *après avoir bu, s'adressant à demi-voix à Marguerite.*

Si tu l'avais voulu, dès longtemps, inhumaine,
Le seigneur châtelain serait ton chevalier !

riant avec fatuité.

Cela viendra !...

MARGUERITE.

Non pas !

RODOLPHE.

Dans mon riche domaine
Tu régneras un jour!... J'y compte, et je t'attends!

MARGUERITE.

Vous risquez, monseigneur, de m'attendre longtemps!

lui montrant Albert qui, triste et rêveur, descend de l'escalier à gauche, traverse le théâtre et va s'asseoir près des tables à droite, sans prendre part à ce qui se passe autour de lui.

Car voici mon mari qu'ici je vous présente!

RODOLPHE, *prenant Marguerite à part et à demi-voix.*

Qui?... lui?... ce freluquet?... ce jeune étudiant?...
A cet âge ils sont tous d'une humeur inconstante!...
Tandis qu'au mien c'est différent...
On n'aime qu'une femme!... on ne regarde qu'elle!
Et rien n'en peut distraire!...

apercevant Zéila qui entre habillée en servante, et courant auprès d'elle.

Ah! grand Dieu! qu'elle est belle!

SCÈNE XI.

ZÉILA, RODOLPHE, MARGUERITE, ALBERT, *assis à droite et rêvant.*

MARGUERITE, *retenant Rodolphe.*

Qu'avez-vous, monseigneur, et quel transport soudain?...
Pour vous dans la plus belle salle
Vous trouverez mon meilleur vin du Rhin!

à Zéila.

Vous, ma servante et ma vassale,

lui montrant Albert.

A mon futur époux... à votre maître enfin...
Servez son repas!

ZÉILA, *apercevant Albert qui ne la voit pas.*

Ciel!...

RODOLPHE, *regardant Zéila.*

Ah! vraiment, rien n'égale
Sa beauté!...

sortant en souriant.

Nous verrons!...

MARGUERITE, *à Zéila qui est restée immobile.*

Eh bien! m'entendez-vous?

ZÉILA.

Oui, madame...

à part et regardant Albert.

Son époux!!...

Marguerite sort par la porte à gauche avec Rodolphe. Zéila, tout en regardant de temps en temps Albert, dispose sur une table à droite le couvert et le souper.

SCÈNE XII.

ALBERT, ZÉILA.

ALBERT, *levant les yeux, la reconnaît et pousse un cri.*

Ah!... jamais l'on n'a vu ressemblance pareille!
Et quelque sortilége a fasciné mes yeux!

ZÉILA, *s'approchant de lui timidement.*

Maître, votre repas est prêt.

ALBERT.

Sa voix!... grands dieux!
Et cette voix aussi qui charmait mon oreille!

DUO.

Est-ce toi?
Réponds-moi!
Non... ma vue infidèle
Aura trompé mes sens!
Ces humbles vêtements
Sont ceux d'une mortelle!

s'approchant de Zéila.

Pourtant quand je te vois
Je sens flammes soudaines
Circuler dans mes veines...
Est-ce toi?
Réponds-moi!
Prends pitié de mes peines,
Est-ce toi?

ENSEMBLE.

ZÉILA, *affectant de ne pas l'entendre.*

Qui donc vous tourmente?
Moi! pauvre servante,
Je suis peu savante
Et ne comprends pas!

à part.

Si douce prière
Ne saurait déplaire,

ACTE II, SCÈNE XII.

Mais je dois me taire...
Ah! quel embarras!

ALBERT, à part.

O vue enivrante!
Déesse ou servante,
Mon doute s'augmente
Et redouble, hélas!

s'approchant d'elle.

O douce chimère!
Ombre si légère
Reste sur la terre,
Ne t'envole pas!

ALBERT.

Deuxième couplet.

Est-ce toi?
Réponds-moi!
Non... plus je l'examine,
L'autre est fille des cieux,
Et j'ai lu dans ses yeux
Sa céleste origine!

s'approchant de Zéila.

Mais, comme elle, je crois,
Comme elle, je le vois,
Ton œil noir étincelle
Et tu souris comme elle...
Est-ce toi?
Reponds-moi!
Ou déesse ou mortelle,
Est-ce toi?

ENSEMBLE.

ZÉILA.

Qui donc vous tourmente?
Moi, pauvre servante,
Je suis peu savante
Et ne comprends pas!

à part.

Si douce prière
Ne saurait déplaire,
Mais je dois me taire...
Ah! quel embarras!

ALBERT.

Erreur enivrante!
Déesse ou servante,
Mon trouble s'augmente
Et redouble, hélas!
O douce chimère!
Ombre si légère
Reste sur la terre,
Ne t'envole pas!

ZÉILA.

C'est assez vous railler d'une pauvre servante.

ALBERT, *vivement*.

Une servante?... En es-tu sûre?

ZÉILA, *souriant*.

Eh! oui!

ALBERT.

Bien vrai?... Fais-en serment!...

ZÉILA.

Je vous le jure ici!

ALBERT.

Ah! ce mot seul me ravit et m'enchante!
Déesse, hélas! je ne pouvais
T'aimer, ni t'épouser! mais femme, mais mortelle,
Rien ne peut plus nous séparer jamais!

ZÉILA.

Y pensez-vous?

ALBERT, *la regardant avec tendresse*.

Oui, voilà les attraits
Que mon cœur a rêvés et j'y serai fidèle.
A toi ma main et mon cœur!...

ZÉILA.

Lorsqu'ici
Vous devez être le mari
D'une autre!

ALBERT.

Ah! pour toi j'y renonce!

ZÉILA.

Elle est riche!

ALBERT.

Qu'importe!

ZÉILA.

Et moi!.. moi je n'ai rien!

ALBERT.

Si tu n'aimes, mon cœur ne veut pas d'autre bien.

ZÉILA.

Le malheur me poursuit!

ALBERT, *lui prenant la main*.

Et voici ma réponse:
A toi! toujours à toi!
Partout je veux te suivre,
Avec toi je veux vivre
Et mourir avec toi!

Oui, pour te protéger,
Je brave tout danger!

ENSEMBLE.

ALBERT.

A toi!... toujours à toi !
Partout je veux te suivre,
Avec toi je veux vivre
Et mourir avec toi !

ZÉILA.

Il me donne sa foi ;
Partout il veut me suivre,
Et l'erreur qui l'enivre
Me trouble malgré moi.

SCÈNE XIII.

ZÉILA, ALBERT, MARGUERITE, *entrant avec* RODOLPHE, *au moment où Albert est aux genoux de Zéila. Au cri qu'elle fait entendre accourent* ISSACHAR, *tous les voyageurs, voyageuses, garçons et filles de l'auberge.*

FINAL.

MARGUERITE.

Ah! qu'ai-je vu!...

ZÉILA, *s'enfuyant à l'autre extrémité du théâtre.*

C'est fait de moi !

ENSEMBLE.

MARGUERITE, à Albert.

Parjure!... téméraire !
Outrager mon honneur !
La honte, la colère
S'emparent de mon cœur.

ALBERT.

Le dépit, la colère
S'emparent de son cœur.
Et comment la soustraire
A sa juste fureur ?

ZÉILA.

Le dépit, la colère
S'emparent de son cœur,
Et comment me soustraire
A sa juste fureur ?

RODOLPHE, ISSACHAR et LE CHOEUR.

Le dépit, la colère
S'emparent de son cœur.
Rien ne peut la soustraire
A sa juste fureur.

MARGUERITE.

Un tel affront d'une servante
Que la pitié m'avait fait accueillir!!
De chez moi sortez, insolente,
Sortez pour n'y plus revenir !

ZÉILA.

Ah! dans la honte qui m'accable
Où porter mon sort misérable ?

ALBERT, *lui prenant le bras.*

Sur ton frère tu t'appuieras !

MARGUERITE.

Qui? vous?... quitter ces lieux ?

ALBERT.

Il le faut... car je l'aime !

MARGUERITE, à part.

O ciel !

ALBERT, *vivement à Zéila.*

Partons! partons!... je guiderai tes pas !

MARGUERITE.

Vous l'espérez en vain ! vous ne le pouvez pas.

ALBERT.

Qui m'en empêcherait?

MARGUERITE.

Vous-même !
L'honneur qui vous retient !

ISSACHAR, *à Rodolphe.*

Et vingt-cinq écus d'or
Qu'à son hôtesse il doit encor.

ALBERT, *troublé.*

Grand Dieu !

RODOLPHE.

C'est juste, et, gage précieux,
La loi veut qu'il demeure en otage en ces lieux !

ENSEMBLE.

MARGUERITE.

Rien ne peut le soustraire
Aux dettes de l'honneur.
Le dépit, la colère
S'emparent de mon cœur.

ALBERT.

Et comment me soustraire
Aux dettes de l'honneur?
La honte, la colère
S'emparent de mon cœur.

ZÉILA.

Exilée, étrangère,

ACTE II, SCÈNE XIII.

Où fuir dans mon malheur?
Qui donc sur cette terre
Sera mon protecteur?

RODOLPHE, ISSACHAR *et* LE CHOEUR.

Rien ne peut le soustraire
Aux dettes de l'honneur.
Le dépit, la colère
S'emparent de son cœur.

RODOLPHE, *à Zéila.*

C'est moi, ma belle enfant, qui veux vous protéger;
Venez en mon château.

ALBERT, *à Zéila.*

C'est une offre traîtresse;
Refusez!

RODOLPHE.

Ma seule vieillesse
Doit à vos yeux éloigner tout danger.

ZÉILA, *indécise, regardant tour à tour Albert et Rodolphe.*

Mon Dieu, que dois-je faire?

ALBERT, *avec effroi.*

Elle hésite!

bas à Issachar.

Tes vingt-cinq écus d'or, juif, donne-les-moi vite,
Et je signe à l'instant.

ISSACHAR, *avec joie.*

Le billet de tantôt?

ALBERT.

Tout ce que tu voudras.

ISSACHAR.

C'est parler comme il faut!
Mettez là votre signature.

Il lui présente un papier qu'Albert signe vivement sur la table à droite.

RODOLPHE, *pendant ce temps, s'adressant à Zéila d'un air caressant.*

Oui, douter de ma foi serait me faire injure.

ALBERT.

Et la mienne pour elle est un meilleur garant.

à Marguerite, lui donnant la bourse d'Issachar.

Tenez, voilà votre or! Je suis libre à présent!

ENSEMBLE.

ALBERT.

Ah! la bonne affaire
Que j'ai faite là!
Le destin prospère
Me sourit déjà.
Fi de la richesse!
Vivent la gaîté,
Ma jeune maîtresse
Et la liberté!

ISSACHAR.

Ah! la bonne affaire
Que j'ai faite là!
Le destin prospère
Me sourit déjà.
O folle jeunesse!
Sa témérité
Pour une maîtresse
Vend sa liberté.

RODOLPHE.

Ah! la bonne affaire
Qui m'échappe là!
La jeune bergère
Me charmait déjà.
Trésor de jeunesse,
Naïve beauté!
Malgré ma vieillesse,
J'en suis enchanté!

MARGUERITE.

Ah! le sort contraire
Me trahit déjà!
Malgré ma colère,
Il m'échappera.
Par cette promesse
Il a racheté
Sa jeune maîtresse
Et sa liberté.

ZÉILA.

Ah! le sort prospère
M'exauce déjà,

regardant Marguerite.

Et de sa colère
Me délivrera!

regardant Albert.

Oui, dans ma détresse,
A sa loyauté
Livrons ma jeunesse
Et ma liberté!

RODOLPHE, *regardant Zéila, puis Albert.*

O riche proie, hélas! qu'il vient de m'enlever!
Mais qu'on pourra peut-être retrouver.

s'approchant d'Issachar, à demi-voix.

L'affaire est bonne, ce me semble.

ISSACHAR, *de même.*

J'espère y gagner cent pour cent.

RODOLPHE, *de même.*

Je te les donne sur-le-champ ;
Veux-tu que nous traitions ensemble ?

ISSACHAR.

Comment ?

RODOLPHE.

Cède-moi ton billet.

ISSACHAR, *avec défiance.*

Au prix coûtant ?

RODOLPHE.

Non pas ! Pour le double.

ISSACHAR, *le lui donnant.*

C'est fait !

ENSEMBLE.

RODOLPHE.

Ah ! la bonne affaire
Que j'ai faite là !

montrant Albert.

Ce billet, j'espère,
M'en délivrera.
Oui, par mon adresse
J'aurai racheté
Sa jeune maîtresse
Ou sa liberté.

ISSACHAR.

Ah ! la bonne affaire
Que j'ai faite là !
Le billet prospère
Rapporte déjà.

regardant Rodolphe.

Oui, sur sa tendresse
J'avais bien compté ;
J'ai, par mon adresse,
Un gain mérité.

ALBERT.

Ah ! la bonne affaire
Que j'ai faite là !
Le destin prospère
Me sourit déjà.
Fi de la richesse !
Vivent la gaîté,
Ma jeune maîtresse
Et la liberté !

ZÉILA.

Ah ! le sort prospère
M'exauce déjà
Et de sa colère
Me délivrera !
Oui, dans ma détresse,
A sa loyauté
Livrons ma jeunesse
Et ma liberté !

MARGUERITE.

Ah ! le sort contraire
Me trahit déjà !
Malgré ma colère,
Il m'échappera.
Par cette promesse
Il a racheté
Sa jeune maîtresse
Et sa liberté.

LE CHOEUR.

Sonne ! sonne ! bon piqueur !
Voici l'instant de la chasse.
Du courage et de l'audace !
La chasse est le vrai bonheur !
Sonne ! sonne ! bon piqueur !

Rodolphe et ses gens, qui viennent de remonter à cheval, se disposent à repartir pour la chasse ; Albert, qui a pris le bras de Zélia, sort avec elle par la porte du fond. Marguerite, désespérée, tombe sur une chaise, et Issachar, de l'autre côté, au coin du théâtre, compte ses écus.

ACTE TROISIÈME.

La chambre d'un étudiant; porte basse au fond; deux portes latérales. Sur le premier plan, à gauche, une croisée.

SCÈNE I.

ZÉILA, ALBERT.

Albert est à gauche devant une table et écrit. Zéila, à droite, devant un métier à tapisserie, et travaille. Des livres et des cartons sont épars dans la chambre.

DUO.

ZÉILA et ALBERT.

Asile
Modeste et tranquille
Par toi le monde est oublié!
La vie
S'écoule si jolie
Quand chaque instant est égayé
Par le travail et l'amitié!

ALBERT.

Dans ma demeure aérienne
Qu'habite avec nous le bonheur,

montrant la porte à gauche et celle en face.

Là, votre chambre... ici la mienne!
C'est un frère...

ZÉILA, *lui tendant la main.*

Près d'une sœur!!

ALBERT, *se levant, se rapprochant d'elle et regardant sa tapisserie.*

Que c'est bien!

ZÉILA.

Trouvez-vous?

ALBERT.

Ces vases, ces trophées,
Ces fleurs naissent soudain sous vos doigts assidus,
On dirait l'ouvrage des fées!

ZÉILA, *souriant.*

Et l'on se tromperait!

à part.

Car je ne le suis plus!

haut.

Mais un seul point, Albert, me trouble et m'inquiète!
Ces vingt-cinq écus d'or qui par vous étaient dus...

ALBERT, *tirant du tiroir de la table une bourse qu'il lui montre.*

Dès aujourd'hui j'acquitterai ma dette;
Vos travaux et les miens en paieront la valeur.
Combien, venant de vous, la liberté m'est chère!...

ZÉILA, *à part.*

Ah! je n'aurais jamais cru sur la terre
Que l'on trouvât tant de bonheur!

ENSEMBLE.

Asile
Modeste et tranquille
Par toi le monde est oublié.
La vie
S'écoule si jolie
Quand chaque instant est égayé

ZÉILA.

Par le travail et l'amitié!

ALBERT, *prenant la main de Zéila.*

Par l'amour et par l'amitié!

ZÉILA, *retirant sa main d'un air de reproche.*

L'amour, Albert?...

ALBERT.

Ah! j'ai fait la promesse

De n'en jamais parler!... Mais que ta rigueur cesse,
Et me rende un serment impossible à tenir!

ZÉILA, *baissant les yeux.*

Loin de toi veux-tu me bannir?

ALBERT, *timidement.*

CAVATINE.

J'avais juré de ne pas dire
Mes souffrances de chaque jour,

avec passion.

Mais malgré moi ma force expire;
Je meurs pour toi, je meurs d'amour!
   Et pourquoi te défendre
   D'un sentiment si doux!
   Pourquoi ne pas te rendre
A moi... ton amant... ton époux?...

Zéila, émue, se dégage de ses bras, s'éloigne, et Albert reprend à demi-voix.

J'avais juré de ne pas dire
Mes souffrances de chaque jour,
Mais malgré moi ma force expire;
Je meurs pour toi!... je meurs d'amour!

ENSEMBLE

ZÉILA.

Oh! mon Dieu! comment se défendre
Contre ce charme séducteur?
Tais-toi!..., tais-toi... ta voix trop tendre
Porte le trouble dans mon cœur!
   Délire extrême...
   Laisse-moi... laisse-moi!
   Contre moi-même,
   Mes sœurs protégez-moi!
Mes sœurs!... mes sœurs, protégez-moi!

ALBERT.

Pourquoi plus longtemps te défendre?
Que ton cœur réponde à mon cœur!
A mes désirs daigne te rendre,
Et prononce enfin mon bonheur!
   A toi que j'aime
   J'engage ici ma foi!
   C'est le ciel même
Qui dans ce jour te donne à moi,
C'est le ciel qui te donne à moi!

Zéila éperdue est entre les bras d'Albert. Tout à coup par la fenêtre à gauche, qui est ouverte, on entend le chant des fées du premier acte. Zéila s'arrache avec force des bras d'Albert.

ZÉILA.

Ah! je les entends!... ce sont elles;
Elles viennent me protéger!
Du haut des airs leurs voix fidèles
Viennent m'arracher au danger!

ALBERT, *étonné.*

Que dis-tu?

ZÉILA.

Tais-toi!... ce sont elles!...
N'entends-tu pas leurs chants de regrets et d'amour?

On entend le chœur qui reprend en dehors.

Mes sœurs!... je ne suis plus qu'une pauvre mortelle.
Des cieux où votre voix m'appelle,
Mes sœurs!... mes sœurs!... je suis bannie et sans retour!

ALBERT.

Qu'entends-je?... Cette fée et si jeune et si belle
Dont vous me rappeliez les traits!...

ZÉILA.

C'était moi!

ALBERT.

Cette fée, hélas! que j'adorais...

ZÉILA, *vivement.*

C'était moi!...

ENSEMBLE.

ALBERT.

Malheur qui m'accable,
Destin déplorable!
A mon cœur coupable
Il ne reste rien!
Hélas! ma constance
Double ma souffrance;
Je perds l'espérance,
Je perds tout mon bien!

ZÉILA.

Malheur qui m'accable,
Destin implacable!
Pouvoir redoutable
Qui n'est plus le mien,
Céleste puissance
Qui vois ma souffrance,
Rends-moi l'espérance,
Rends-moi tout mon bien!

ZÉILA.

Tu sais tout, maintenant! Du ciel déshéritée,
Un pouvoir inconnu me retient ici-bas!

ACTE III, SCÈNE II.

ALBERT.

Non!... et cette puissance, hélas! si regrettée,
Va vous être rendue!...

ZÉILA, *avec joie.*

Ah! ne me trompe pas!

ALBERT.

Ce talisman, qui vous permet, cruelle,
De fuir loin de la terre et de monter aux cieux,
Ce voile mystérieux
Qui fait votre pouvoir et vous rend immortelle,
Je l'avais dérobé!... Vous le rendre aujourd'hui,
C'est vous perdre à jamais!...

le tirant de son sein.

N'importe!... le voici!

Il le lui donne.

ZÉILA, *le regardant avec joie et le portant à ses lèvres.*

Ah! c'est lui!... c'est bien lui!

ENSEMBLE.

ZÉILA.

O joie ineffable,
Bonheur qui m'accable!

regardant le voile.

Pouvoir redoutable,
Tu deviens le mien!
Oui, la Providence,
Calmant ma souffrance,
Me rend l'espérance,
Me rend tout mon bien!

ALBERT.

Malheur qui m'accable,
Destin implacable!
A ses yeux, coupable,
Je ne suis plus rien!
Hélas! ma constance
Double ma souffrance;
Je perds l'espérance!
Je perds tout mon bien!

ALBERT.

Adieu! toi que j'adore!
Adieu! toi que ce voile, hélas! va me ravir.

ZÉILA, *jouant avec le voile qu'elle roule dans ses mains.*

Ce voile... qui t'a dit qu'on voulût s'en servir?

ALBERT.

Qu'entends-je? et quel espoir vient m'abuser encore!

ZÉILA, *lui tendant le voile.*

Tiens, Albert, reprends-le... Pour moi
Le ciel est ici près de toi!

ENSEMBLE.

O bonheur! o délire!
A peine je respire!
Ta voix et ton sourire
M'ont entr'ouvert les cieux!
O délices suprêmes!
Nos désirs sont les mêmes;
Tu m'aimes... oui, tu m'aimes,
Je suis l'égal des dieux!

ZÉILA.

Je suis encore aux cieux.

SCÈNE II.

LES PRÉCÉDENTS, FRITZ, CONRAD, PLUSIEURS ÉTUDIANTS.

CONRAD.

Pardon!... nous vous dérangeons,
Pardon!... nous nous retirons.

ALBERT, *se hâtant de cacher le voile dans son sein.*

Ah! ce sont nos amis!... Qui chez nous les amène?

CONRAD.

A vous, couple heureux,
Il est dans ces lieux
Permis d'oublier
L'univers entier!
Mais nous, qu'à ses plaisirs le monde encore enchaîne.
Nous savons qu'aujourd'hui, de même qu'autrefois,
Cologne, la superbe ville,
Célèbre la fête des Rois!

ALBERT.

C'est juste!

CONRAD.

Au diable un travail inutile!
C'est jour de fête... nous venons
Pour vous chercher.

ALBERT.

Nous acceptons.

Il prend sur la table sa bourse qu'il serre dans son aumônière.

LE CHOEUR.

Vive la jeunesse!
Vivent les amours!
Fi de la sagesse
Et de ses discours!
Amitié, franchise
Et jamais d'argent,
Telle est la devise
De l'étudiant!

ZÉILA.

La belle vie!
Point de chagrin.
Gaîté, folie,
Joyeux refrain,
Douce existence,
Destin heureux!

à part, et regardant vers le ciel.

Là-haut, je pense,
On n'est pas mieux.

LE CHOEUR.

Vive la jeunesse!
Vivent les amours!
Fi de la sagesse
Et de ses discours!
Amitié, franchise
Et jamais d'argent,
Telle est la devise
De l'étudiant!

Albert prend le bras de Zéila et sort avec elle. Tous les étudiants les suivent.

SCÈNE III.

Le théâtre change et représente la grande place de Cologne, disposée pour la fête des Rois. A gauche du spectateur de riches boutiques de vaisselle ciselée, de tentures de Flandre, des boutiques d'armes; à gauche, des boutiques de bonbons et de pâtisserie; plus haut, l'entrée du jardin préparé pour les danses; au fond un large pont qui traverse la ville, et dans le lointain la cathédrale avec l'horloge et un cadran marquant les heures.

PEUPLE, JEUNES FILLES, SEIGNEURS, DAMES, BATELIERS DU RHIN, MARCHANDS, GARDES, PIKLER *et ses compagnons, puis successivement* MARGUERITE *et* RODOLPHE, ALBERT *et* ZÉILA, PAGES, OFFICIERS.

On entend le son des cloches appelant le peuple à la fête.

CHOEUR GÉNÉRAL.

Noël, Noël! largesses!
Princes, barons et duchesses,
Bourgeois, manants, écoliers,
Pèlerins et cavaliers,
Largesses! largesses!
Accourez à notre voix,
Voici la fête des Rois!

PIKLER, *à ses compagnons.*

Nous, qui courons toutes les fêtes,
Gentilshommes de grands chemins,
Nous aimons, en fait de conquêtes,
Celles qui viennent de nos mains.
Dans ce jour, à nos vœux prospère,
Nous saurons, pour nous occuper,
Trouver quelque riche aumônière,
Ou bien quelque bourse à couper.

ENSEMBLE.

LE CHOEUR.

Noël, Noël! largesses!
Bourgeois, manants, écoliers,
Princes, barons et duchesses,
Pèlerins et cavaliers!
Largesses! largesses!
Accourez à notre voix,
Voici la fête des Rois!

PIKLER *et* SES COMPAGNONS.

Nous qui méprisons les largesses,
Gens d'esprit, d'audace et de front,
Nous aurons toujours des richesses
Tant que les autres en auront!

Marguerite paraît vêtue d'habits magnifiques, suivie de pages, d'officiers, et donnant le bras au comte Rodolphe.

CONRAD *et quelques étudiants, venant du jardin à droite et regardant du côté du pont.*

Avec ce cortége de reine
Vers nous qui dirige ses pas?
C'est au moins une châtelaine.

regardant.

Eh! mais, je ne me trompe pas!
C'est Marguerite!

LES ÉTUDIANTS.

Eh quoi! l'aubergiste jolie
Dont Albert a trompé les vœux!

CONRAD, *riant.*

Et qui vient, pour venger sa tendresse trahie,
De troquer son hôtellerie
Contre un galant presque aussi vieux
Que le château de ses aïeux.

LE CHOEUR, *saluant Marguerite.*

Hourra! pour la dame et maîtresse
De messire notre seigneur.

RODOLPHE, à Marguerite.

Sur tes pas vois comme on s'empresse.

MARGUERITE, à part avec dépit.

Oui, que désormais la richesse
Me tienne au moins lieu de bonheur !

Rodolphe la fait asseoir à gauche devant un riche magasin où Marguerite marchande des étoffes et des pierreries; des dames et cavaliers vont aussi s'asseoir devant d'autres boutiques.
Entrent plusieurs autres étudiants en dansant, tenant leurs maîtresses sous le bras et entourant Albert et Zéila.

CHOEUR D'ÉTUDIANTS.

Nous voici, mes amis,
Nous voici réunis.

ALBERT, gaîment.

A nous, bonheur, gaîté, folie,
A nous tous les biens de la vie !

MARGUERITE, à part.

Les voir sans cesse tous les deux !

ALBERT, voyant Marguerite.

C'est Marguerite !

CONRAD.

Et son vieux comte.

MARGUERITE, à Rodolphe, en lui montrant les deux amants.

Quel scandale !...

RODOLPHE.

C'est une honte !...

Les deux couples passent l'un près de l'autre en se saluant d'un air railleur.

ALBERT et SES AMIS.

Quel regard fier et triomphant !

MARGUERITE, piquée.

Quel air moqueur et méprisant !

CHAQUE COUPLE, à part.

Oser tous deux paraître ici !
En public se montrer ainsi,
C'est indécent !... c'est inouï !

MARGUERITE, avec colère.

Me braver encor !

RODOLPHE, à Marguerite.

Patience !
N'ai-je pas là notre vengeance ?
Ce billet qu'Issachar avait reçu de lui,
montrant Albert.
Il est entre mes mains !... il échoit aujourd'hui,

A deux heures il faut qu'il soit payé... sinon
Il devient mon serf, mon esclave...

CONRAD, qui est près d'eux, les a entendus et s'approche d'Albert.

Ils parlent d'un billet... c'est quelque trahison
Que je redoute !

ALBERT.

Et que je brave !
Je peux le payer dès ce soir,
Car j'ai sur moi la somme !
J'ai de l'or !!

PIKLER, qui est à côté d'Albert, entend ces derniers mots et dit à demi-voix à ses compagnons.

C'est bon à savoir !
Observons bien ce gentilhomme
Et ne le quittons pas !
Partout suivons ses pas !

RODOLPHE.

Du silence,
La fête commence...

CRIEURS DE LA VILLE.

Prenez place... silence ;
La fête des Rois commence !

LE CHOEUR.

Les Rois ! les Rois !
On va tirer les Rois !

De jeunes boulangères portant d'énormes corbeilles circulent au milieu de la foule et présentent à chacun des petits gâteaux ronds.

LE CRIEUR DE LA VILLE.

Prenez part au gâteau des Rois.

CONRAD, prenant sa part du gâteau.

Cette royauté n'est qu'un rêve ;
Mais du hasard voyons le choix !
A qui va-t-il donner la fève ?

TOUS, cherchant la fève dans leurs gâteaux.

C'est moi ! c'est moi
Qui serai roi !
Ce sera moi !
Déjà je crois...
Je l'aperçois...
Non... ce n'est rien ;
Mais cherchons bien...

ZEILA, avec un cri de joie et montrant la fève qu'elle a trouvée.

C'est moi ! c'est moi !...

MARGUERITE, avec dépit.

Encore elle !...

ALBERT, *gaîment*.

Le ciel est juste
Et nous soumet tous à sa loi !
On remet à Zéila un sceptre d'or.

CONRAD.

Mais quel sera le roi ?

RODOLPHE, *s'avançant*.

Oui, voyons quel sera son roi !

ZÉILA.

Eh bien ! avec ce signe auguste !
Partage mon pouvoir, Albert,
lui donnant la fève.
et deviens roi !

MARGUERITE *et* RODOLPHE, *à part*.

Ah ! quel affront pour moi !

CONRAD, *remplissant un verre*.

A la santé
De Sa Majesté !
Qui nous fera raison et qui le doit !
On présente à Zéila un verre qu'elle effleure du bout des lèvres.

TOUS.

La reine boit !... la reine boit !...

Des jeunes filles présentent à Zéila une couronne de fleurs, et en guise de sceptre, un thyrse qu'elle veut d'abord refuser et qu'Albert la force d'accepter.

ALBERT.

Premier couplet.

C'est le sort
Qui seul te donne
Sceptre d'or
Et nouveau trône !
Mais sans or
Et sans couronne,
Par la beauté tu règnerais encor.

Pouvoir d'un jour ! heureux royaume
Que le hasard créa soudain !
Tu vas passer comme un fantôme
Et disparaître dès demain !
Mais sous la pourpre ou sous le chaume
T'aura suivi joyeux refrain.

à Zéila.

Oui, le sort
Ici te donne
Sceptre d'or
Et nouveau trône !
Mais sans couronne,
Par la beauté tu règnerais encor !

LE CHOEUR.

Reine ! reine ! souveraine !
Reine ! reine ! sois la mienne ;
Verse ! verse ! à sa gloire
Je veux boire !
Célébrons
Ici sa gloire,
Et buvons ! amis, buvons !

ALBERT.

Deuxième couplet.

Ni complots
Ni lois sinistres ;
Point d'impôts
Ni de ministres !
Qu'en ce jour,
Au son des sistres,
Folie, amour
Règnent seuls à ta cour !

O royauté
Que les mansardes
Fêtent ainsi que les palais,
Jamais le fer des hallebardes
Ne cachera tes doux attraits !
Car notre reine n'a pour gardes
Que ses heureux et gais sujets !

Oui, le sort
Ici te donne
Sceptre d'or
Et nouveau trône !
Mais sans couronne,
Par la beauté tu règnerais encor !

LE CHOEUR.

Reine ! reine !
Souveraine !
Reine ! reine !
Sois la mienne !
Verse ! verse ! à sa gloire
Je veux boire !
Célébrons
Ici sa gloire,
Et buvons, amis, buvons !

Pendant ce second couplet on a préparé à droite du théâtre une estrade que l'on a recouverte d'un tapis, et sur laquelle on fait asseoir Zéila et le nouveau roi.

LE CHOEUR.

Devant la reine inclinez-vous !
A genoux ! à genoux !
Sujets, prosternez-vous !

Tout le monde s'incline ; Rodolphe seul se lève, et, tenant le bras de Marguerite, il veut, ainsi que son cortége, passer devant Zéila sans la saluer.

CHOEUR GÉNÉRAL.

De par la reine et par nous tous,
Devant elle prosternez-vous!

Rodolphe et Marguerite, obligés d'obéir à la clameur publique, s'inclinent malgré eux avec humeur, et vont dans la foule cacher leur dépit.

MARCHE DES ROIS *.

Des *soldats* couverts d'une cuirasse, et ayant pour arme une haste, ouvrent la marche; suivent les principales corporations des métiers avec leurs insignes en tête; ce sont les seules dont les députations se trouvaient à ces fêtes:

Les *Fruitiers*, ayant pour insignes Adam et Ève mangeant du fruit défendu;
Les *Brodeurs*, — Une vierge avec des objets de broderies;
Les *Chaussetiers*, — Des figures nues avec des chausses pendues à côté d'elles;
Les *Orfèvres*, — Un vase d'argent;
Les *Serruriers*, — Une serrure; des clefs en sautoirs;
Les *Armuriers*, — Un homme posé sur un bouclier, avec dague et écusson armorié;
Les *Selliers*, — Une selle de bataille;
Les *Poissonniers*, — La roue de sainte Catherine avec des poissons;
Les *Mariniers*, — Un vaisseau

Des *soldats* ferment la marche des corporations. Viennent ensuite les docteurs et professeurs de la ville, puis les pèlerins et les naufragés qu'un vœu attachait à cette procession; après eux marchent des hallebardiers.

Entrée des trois Rois-Mages, *Melchior, Balthazar* et *Gaspard*, suivant l'étoile lumineuse qui marche devant eux et qui les guide. Ils sont couverts d'oripeaux magnifiques, étincelants d'or, turbans surmontés de couronnes, et tels enfin que l'imagination à cette époque se peignait les Orientaux.

Ils sont précédés d'une troupe d'*esclaves noirs*, dont quelques-uns guident leurs chevaux richement caparaçonnés.

Marchent après eux des *grands seigneurs* qui, par dévotion, se mêlaient aussi à ces solennités; ils sont couverts du grand manteau de cérémonie, en brocard d'or ou doublé d'hermine.

S'avance ensuite un gros de *stradiotes*, troupes étrangères, soudoyées par l'empereur Maximilien; ils étaient choisis pour servir d'escorte aux Rois-Mages, à cause du caractère oriental de leur costume.

Au milieu d'une troupe de *monstres* bizarres et fantastiques apparaissent trois *hippogriphes* conduits par des *noirs*; des *fous* sonnant de la trompette sont montés dessus; ils sont couverts d'un tabar aux armes de la ville de Cologne, qui porte de gueules à trois couronnes d'or, posées en fasce, coupé, bordé, diapré d'argent.

Enfin une troupe de jeunes *étudiants* et de *grisettes*

(*) Voir, pour la fête des Rois à Cologne, en 1500, les tableaux d'Albert Durer, Lucas de Leyde; consulter Burgman, Lucas Cranach, et surtout un manuscrit allemand sur les trois Rois-Mages, *Bibl. royale*, 7832, col. 3.

arrivent sur un air de danse, et forment différentes valses.

Mais un grand bruit se fait entendre. Aux sons des flûtes, tambours et cymbales entrent *Bacchus* et *Ariane*, montés sur un char traîné par quatre *satyres*. Le gros *Sylène*, plongé dans l'ivresse, est négligemment jeté sur le devant du char. Des *satyres*, des *faunes* et des *bacchantes* à moitié ivres, dansent autour de lui *.

Après la marche commence le divertissement, terminé par un pas de Bacchus et d'Ariane et par une danse générale de bacchantes entourant le char de Silène.

Après ces danses générales vont commencer les danses particulières. Conrad, un des étudiants, s'approche du trône.

CONRAD, *s'adressant à Zéila*.

Quand du plaisir voici l'heureux signal,
Notre reine veut-elle

à Albert.

Et le roi permet-il qu'un serviteur fidèle
Avec elle ouvre le bal?

ALBERT, *avec dignité*.

Nous l'accordons! et nous allons vous suivre!

PIKLER, *à part, à ses compagnons, montrant la bourse d'Albert, dont il vient de couper les cordons.*

Qu'à la danse il se livre!...
Il le peut sans danger,
Car il doit à présent être bien plus léger!
Voici sa bourse! elle est à nous!

CHOEUR DE TRUANDS.

Et nous la partagerons tous!

CHOEUR GÉNÉRAL.

Reprise du chœur des étudiants.

Vive la jeunesse!
Vivent les amours!

Ils sortent tous.

SCÈNE IV.

MARGUERITE, RODOLPHE, *retenant Albert qui veut les suivre.*

RODOLPHE.

Un seul mot, s'il vous plaît, seigneur étudiant.

montrant l'horloge de la cathédrale qui sonne 2 heures.

Voici l'heure et le jour d'acquitter votre dette;
Et votre liberté de ce billet dépend...

(*) Ces souvenirs mythologiques sont représentés non pas comme les anciens nous les ont transmis, mais tels que les comprenaient Albert Durer, Lucas de Leyde et leurs contemporains.

ALBERT, *riant.*

Ce billet-là, seigneur, en rien ne m'inquiète;
Il vous sera payé...

RODOLPHE.

C'est vingt-cinq écus d'or!...

ALBERT, *souriant.*

Oui, vingt-cinq...

portant la main à sa bourse et ne la trouvant plus.

Ciel!... Ô ciel!... mais tout à l'heure encor
Je les avais!... où sont-ils donc?... perdus?...

regardant les cordons qui ont été coupés.

Non, dérobés!... Ah! je ne les ai plus...
Mon Dieu! que devenir?...

RODOLPHE, *avec ironie.*

Par un fâcheux échec
Les coffres du roi sont à sec!
Sa personne me reste en gage!
Assurons-nous d'abord de ce royal otage!

Il sort par la droite.

ALBERT, *tombant sur l'estrade à droite.*

Ah! de tout mon bonheur et de moi c'en est fait!
La force m'abandonne!

MARGUERITE, *qui était prête à s'éloigner.*

Il chancelle!... il expire!...

accourant auprès de lui.

A cet aspect tout mon amour renaît!
Du secours!... du secours!... A peine s'il respire!

Elle entr'ouvre le pourpoint d'Albert pour lui donner de l'air et aperçoit le voile qu'il a caché sur son cœur.

O ciel!... ce voile séducteur,
Dont le charme odieux m'avait ravi son cœur!
Si je pouvais l'éloigner de sa vue
Sa tendresse à mes vœux serait enfin rendue!...

Elle prend le voile et le cache dans son sein.

Il revient! il revient!

ALBERT, *encore à moitié évanoui.*

A moi... mes compagnons!...
Zéila, viens!... partons! fuyons!

SCÈNE V.

LES PRÉCÉDENTS, RODOLPHE *et* PLUSIEURS HOMMES D'ARMES.

FINAL.

RODOLPHE.

Arrêtez et qu'on le saisisse;
Il m'appartient... point de pitié.
De par mon droit et la justice
Comme un vassal qu'il soit lié.

ALBERT, *avec indignation, s'élançant vers Conrad qui entre.*

Me lier, m'enchaîner!!

CONRAD.

Un homme libre! non!

criant.

Aux armes, mes amis!

Tous les étudiants accourent, s'élancent dans les boutiques d'armes et s'emparent des épées, des haches, des poignards.

RODOLPHE, *rassemblant ses hommes d'armes.*

Crime! rébellion!
A moi, mes gens!

CHŒUR DES ÉTUDIANTS *et* DU PEUPLE.

A nous tous les colléges,
Franchises, priviléges!
Pour l'Université,
Liberté! liberté!

Albert, Conrad et les étudiants, ainsi que le peuple, sont d'un côté, les armes à la main. Rodolphe, les officiers et les hommes d'armes, sont de l'autre, prêts à les attaquer. Marguerite et les femmes, effrayées, se réfugient en désordre dans les boutiques.

ENSEMBLE.

ALBERT, CONRAD, ÉTUDIANTS *et* PEUPLE

N'approchez pas,
Craignez mon bras!
Tant d'insolence
Mérite le trépas!
Oui, si tu fais un pas,
A ma vengeance
Tu n'échapperas pas!

RODOLPHE *et* SES GENS.

Ne fuyez pas,
Craignez mon bras!
Tant d'insolence
Mérite le trépas
Oui, si tu fais un pas,
A ma vengeance
Tu n'échapperas pas!

MARGUERITE *et* SES FEMMES.

N'approchez pas,
Craignez leurs bras,
La résistance
Vous perdrait tous, hélas!
Si vous faites un pas
A leur vengeance
Vous n'échapperez pas!

ACTE III, SCÈNE VI.

RODOLPHE, *voulant saisir Albert.*

Force à la loi !

ALBERT, *croisant le fer.*

Malheur à toi !

LES FEMMES *et* LE PEUPLE, *criant.*

La paix de Dieu !

ENSEMBLE.

RODOLPHE.

Force à la loi !

ALBERT.

Malheur à toi !

SCÈNE VI.

LES PRÉCÉDENTS, ZEILA, *paraissant au fond du théâtre.*

ZEILA, *apercevant Albert, pousse un cri.*

Albert !... Albert !...

Elle s'élance entre lui et Rodolphe, au moment où Albert, qui avait tiré son épée, allait frapper Rodolphe ; elle reçoit le coup destiné à celui-ci.

ALBERT, *épouvanté et laissant tomber son épée.*

O rage insensée !
Zéila... Zéila... blessée !...
Son sang coule, et c'est moi !...

TOUS, *s'éloignant.*

O moment d'horreur et d'effroi !

Rodolphe saisit ce moment ; ses gardes environnent Albert, qui ne fait plus de résistance et qui tient Zéila dans ses bras. Conrad, les étudiants et le peuple sont placés aux deux côtés du théâtre.

ALBERT.

Ah ! ma raison s'égare !
Zéila !... mon amour,
C'est donc moi, moi, barbare,
Qui t'ai ravi le jour...
Oui, c'est ma main barbare
Qui t'a ravi le jour !...

ENSEMBLE.

RODOLPHE.

Allez ! qu'on les sépare ;
A ses pleurs, je suis sourd !
De mon bien je m'empare ;
C'est à moi sans retour.

MARGUERITE.

Le destin les sépare,
Et peut-être l'amour
Dans son cœur me prépare
Un fortuné retour.

OFFICIERS *et* HOMMES D'ARMES, *montrant Albert.*

Oui, la loi le déclare
Esclave dès ce jour.

montrant Rodolphe.

De son bien il s'empare ;
C'est à lui sans retour.

CONRAD *et* LES ÉTUDIANTS.

Le sort qui les sépare
A trahi leur amour,
Et ce tyran barbare
Reste inflexible et sourd.

ZÉILA.

Le destin... nous sépare...
Adieu donc... sans retour !...

ALBERT.

Elle renaît !... elle respire encore !...

aux gardes qui font un mouvement pour l'entraîner.

Un seul instant !... Ah ! de vous je l'implore !

Les gardes se retirent de quelques pas.

ALBERT, *à demi-voix à Zéila qu'il tient dans ses bras.*

Zéila, tu m'entends ?

ZÉILA.

Oui... je t'aime toujours !

ALBERT, *à demi-voix.*

Je n'ai plus qu'un moyen pour préserver tes jours...
A toi, déesse... une vie éternelle !...
En te rendant ce voile précieux
Pour jamais je te perds, mais je te rends les cieux !
Tiens, prends !

cherchant le voile dans son sein et ne le trouvant pas.

Grands dieux ! je ne puis rien pour elle !

avec désespoir.

Je ne l'ai plus...

ZÉILA, *fermant les yeux.*

Je meurs !

ALBERT, *hors de lui.*

Malheureux ! malheureux !

Ah! ma raison s'égare!
Zéila, mon amour!...
C'est moi, c'est moi, barbare,
Qui t'ai ravi le jour!

ENSEMBLE.

RODOLPHE.

Allez! qu'on les sépare;
A ses pleurs je suis sourd.

OFFICIERS *et* GARDES.

Oui, la loi le déclare
Esclave dès ce jour.

MARGUERITE.

Le destin les sépare
Et peut-être l'amour,

CONRAD *et* LES ÉTUDIANTS.

Le sort qui les sépare
A trahi leur amour.

Zéila est retombée évanouie; Rodolphe donne ordre à ses gens de l'emporter et de la secourir, pendant que les gardes entraînent Albert. Le peuple, les étudiants sortent en désordre.

ACTE QUATRIÈME.

Le château du comte Rodolphe. Une salle gothique magnifique, voûtée et soutenue par de larges piliers. Au fond, trois grandes croisées ouvertes donnant sur un lac. Sur le premier plan, portes à gauche et à droite.

SCÈNE I.

MARGUERITE, ALBERT.

MARGUERITE, *sortant mystérieusement de la porte à droite et conduisant Albert par la main.*

Celle que vous aviez trahie
Vient vers vous et brise les fers
Où Rodolphe voulait enchaîner votre vie !
J'ai gagné vos geôliers ! Peut-être je me perds
Sans qu'un seul mot de vous, Albert, me remercie !
Pourquoi ce silence effrayant ?
Répondez-moi !

vivement.

Non, non, quelqu'un s'avance !...
Taisez-vous !

écoutant.

On s'éloigne !... A votre délivrance
Je vais veiller !...

à demi-voix.

Restez ; je reviens à l'instant.

Elle sort.

SCÈNE II.

ALBERT, *seul. Il parcourt le théâtre en silence. Son air et sa démarche annoncent l'égarement de sa raison. Il s'arrête, regarde autour de lui, et dit à demi-voix et avec terreur :*

AIR.

C'est moi !... c'est moi qui l'ai frappée !...

frottant sa main.

Voyez-vous ces taches de sang
Dont ma main est encor trempée ?
Elles ne s'en vont pas !

levant la tête avec fierté.

J'ai bien fait !... Ce tyran
M'appelait son esclave !!...

avec indignation.

Esclave !!!... Ah ! mon épée
L'a fait rouler sanglant !... Et je le vois encor...

regardant à ses pieds et se relevant avec désespoir.

Non !... c'est ma Zéïla ! mon bonheur ! mon trésor !
Ah ! laissez-moi la baigner de mes larmes !
Ah ! laissez-moi m'enivrer de ses charmes !
Pourquoi nous séparer ?... pourquoi cette prison
Qui s'élève au sommet de la roche escarpée ?

montrant ses bras.

Pourquoi ces fers ?... Ah ! vous avez raison.
Punissez-moi !... c'est moi qui l'ai frappée !

s'arrêtant, écoutant et croyant entendre l'air des fées au premier acte.

CAVATINE.

Quand viendra la déesse au bord du lac s'asseoir,
Livrant ses beaux cheveux à la brise du soir,
Et contemplant ses traits dans la plaine azurée !
Oh ! les heureux instants et la belle soirée !
Pourquoi depuis longtemps
Est-elle différée ?...
Viens !... je t'aime et j'attends !
Le ciel est pur, la prairie embaumée ;
Les fleurs semblent s'épanouir ;
L'air est plus doux !... Ah ! c'est ma bien-aimée
Qui sans doute va venir !

Alors au ciel plus de nuages,
Et dans mon cœur plus d'orages...
L'orage qui souvent mugit et retentit...
L'entendez-vous!...

écoutant.

Cette fois il s'enfuit!
Tout se tait, plus de bruit...
Plus de bruit...

L'orchestre s'éteint peu à peu et il reprend à voix basse.

Quand viendront les déesses,
Au bord du lac, le soir,
Nouer leurs blondes tresses
A ce riant miroir,
Oh! la belle soirée!
Pourquoi depuis longtemps
Est-elle différée?...
Viens!... je t'aime et j'attends!
Viens!... viens!...

s'arrêtant, puis marchant avec égarement et avec terreur.

Non, ne viens pas!...
Fuis ton ami!... fuis cette épée
Qui donne le trépas!!...

cachant sa tête dans ses mains et sanglotant.

C'est moi!... c'est moi qui l'ai frappée!...

Il tombe accablé sur un fauteuil à droite, et, absorbé dans sa douleur, il n'aperçoit même pas Marguerite qui rentre en ce moment et s'avance vers lui.

SCÈNE III.

ALBERT, MARGUERITE.

MARGUERITE.

Pour sortir de ce château-fort
Que de tous les côtés l'eau du lac environne,
Il fallait un esquif, et mon or me le donne!
Viens!... tout est prêt... partons!

ALBERT, *sans la reconnaître.*

Non! attendons encor;
Voici l'instant où sur le lac tranquille
Elle viendra!!!

MARGUERITE, *étonnée.*

Qui donc!

ALBERT.

Zéila!

MARGUERITE, *avec dédain.*

Zéila!!...
Moments perdus!... espérance inutile!
Ta Zéila ne viendra pas!

ALBERT, *douloureusement.*

Ah! tu dis vrai!... ma main lui donna le trépas!

MARGUERITE.

Non! elle existe encor!

ALBERT, *sans l'écouter.*

C'est moi qui l'ai frappée!

MARGUERITE.

Elle existe en ces lieux!!

ALBERT, *de même.*

C'est moi qui l'ai frappée!

MARGUERITE.

Mais par elle, vois-tu, ta flamme fut trompée...
Comme la mienne!!... Un traître! un séducteur!...
Rodolphe!... dans ces lieux la transporta mourante!
Et pour cette nouvelle amante
Il me dédaigne, moi!... qui lui donnai mon cœur!
Non... il ne l'eut jamais!... le dépit, la colère
Avaient troublé mes sens!... Toi seul eus mes amours!
Et pour preuve dernière,
Ingrat! je viens sauver tes jours!!

ALBERT, *sans lui répondre et reprenant le motif de sa cavatine.*

Quand viendront les déesses
Au bord du lac s'asseoir,
Livrant leurs blondes tresses
A la brise du soir...

MARGUERITE, *le regardant avec effroi et poussant un cri.*

Albert!... Ah! la douleur, la souffrance cruelle
Ont égaré sa raison!... Malheureux!
Ne me connais-tu pas?

ALBERT, *la regardant attentivement.*

Ah! vous n'êtes pas elle!

MARGUERITE, *avec chaleur.*

Mais je viens te sauver!

ALBERT, *froidement.*

Pourquoi?...

MARGUERITE.

Quittons ces lieux!
Près de moi tu peux vivre!...

ALBERT.

J'aime mieux
Mourir avec elle!

ACTE IV, SCÈNE IV.

MARGUERITE, *voulant l'entraîner.*

Partons!... bientôt il ne sera plus temps!
Rodolphe et ses amis... Le voici... je l'entends.

ENSEMBLE.

ALBERT, *achevant sa cavatine.*

Ah! la belle soirée!
Pourquoi depuis longtemps
Est-elle différée?...
Viens! je t'aime et j'attends.

MARGUERITE.

Sa raison égarée
Le livre à ses tyrans!
Mon âme est déchirée
De regrets, de tourments!

SCÈNE IV.

LES PRÉCÉDENTS, RODOLPHE ET PLUSIEURS SEIGNEURS DE SES AMIS, PAGES ET HOMMES D'ARMES.

RODOLPHE, *apercevant Albert.*

Mon esclave!... qui donc osa briser ses fers?
Et comment tes cachots se sont-ils entr'ouverts?
Réponds!

MARGUERITE.

Hélas! il ne pourrait le dire!
Peut-être dans le lac et du haut de la tour
Il s'est précipité dans son affreux délire!...
Car il n'a plus sa raison!

RODOLPHE.

Qu'est-ce à dire?
Un fou!... tant mieux! on prétend qu'à leur cour
Et princes et seigneurs en ont un!...

D'AUTRES SEIGNEURS.

C'est l'usage!

RODOLPHE.

Je prends celui-ci pour le mien!
Alors qu'il était sage il ne servait à rien,
Et de nous divertir il aura l'avantage!

Pendant ce temps les pages et valets ont apporté à gauche du théâtre une table servie.

A table, amis! à table!

à Albert.

Et toi,
Viens nous verser à boire, et songe à ton emploi;
Amuse-nous!

COUPLETS.

ALBERT, *les regardant d'un air égaré et s'adressant à Marguerite qui est près de lui.*

Pourquoi cet air de joie
Dans leurs yeux effarés?
Sous la pourpre et la soie
Quels sont ces nains dorés?

RODOLPHE et LE CHOEUR DE SEIGNEURS, *à table et riant.*

Ah! c'est charmant!
Divertissant!

ALBERT, *les regardant toujours et à Marguerite.*

Leur adresse semble occupée
A soutenir un verre plein...
Ils font bien... sans doute une épée
Serait trop lourde pour leur main.

LES SEIGNEURS, *se levant.*

Insolent!...

RODOLPHE, *riant et les retenant.*

Ah! c'est charmant!
Divertissant!

MARGUERITE, *bas à Albert et voulant le faire taire.*

Ce sont de grands seigneurs puissants!

ALBERT, *étonné.*

De grands seigneurs!

MARGUERITE, *de même.*

Des courtisans!

ALBERT.

Ah! je comprends... oui, je comprends!

LES SEIGNEURS, *élevant leur verre.*

Buvons! buvons à nos maîtresses!
Buvons à nos exploits galants!

ALBERT.

Buvez à vos bassesses,
Vous boirez plus longtemps!

les menaçant.

Houra! houra! sur ces méchants!

ENSEMBLE.

LE CHOEUR, *à Albert.*

Tais-toi! tais-toi! silence!
Qu ma juste vengeance

Pour un vassal félon
N'aura pas de pardon !

RODOLPHE, *se moquant d'eux.*

Ah ! quelle extravagance !
Vous êtes en démence !
Mais vous oubliez donc
Qu'il n'a pas sa raison ?

MARGUERITE, *bas à Albert.*

Tais-toi ! tais-toi ! silence !
Redoute leur vengeance !
Pour toi point de pardon ;
Reviens à la raison !

MARGUERITE, *bas à Albert.*

Prends garde ! c'est Rodolphe !

ALBERT.

Ah ! c'est Rodolphe !... où donc ?

MARGUERITE, *le lui montrant.*

Devant tes yeux !

ALBERT, *le regardant attentivement.*

Eh oui !... je crois qu'elle a raison !

s'adressant à Marguerite.

Deuxième couplet.

Oui, cet air lourd et gauche,
Qu'il croit des plus galants...
Ce front, que la débauche
Flétrit plus que les ans...

LE CHOEUR, *riant, excepté Rodolphe.*

Ah ! c'est charmant,
Divertissant !

ALBERT, *continuant malgré les signes de Marguerite.*

C'est bien lui !... c'est ce noble comte...
La beauté qu'effraient ses feux,
En le voyant, rougit de honte...
Comme rougiraient ses aïeux !

RODOLPHE, *se levant.*

Insolent !

LES AUTRES SEIGNEURS, *riant et le retenant.*

Ah ! c'est charmant,
Divertissant !

MARGUERITE, *bas à Albert.*

Il est capable, en ses ressentiments,
Des forfaits les plus grands !

ALBERT, *avec ironie.*

Ah ! je comprends !... oui, je comprends !

RODOLPHE, *levant son verre.*

Buvons à nos tendres victimes !
Buvons à nos exploits galants !

ALBERT, *avec force.*

Non ; buvez à vos crimes,
Vous boirez plus longtemps !
Houra !... houra !... sur ces méchants !

ENSEMBLE.

RODOLPHE.

Tais toi ! tais-toi ! silence !
Ou ma juste vengeance,
Pour un vassal félon
N'aura pas de pardon !

LES SEIGNEURS, *riant et retenant Rodolphe.*

Mais, plus que lui, je pense,
Vous êtes en démence !
Mais vous oubliez donc
Qu'il n'a pas sa raison ?

MARGUERITE, *bas à Albert.*

Tais-toi ! tais-toi ! silence !
Redoute sa vengeance !
Pour toi point de pardon ;
Reviens à la raison !

ALBERT *s'est assis sur un fauteuil, et malgré les menaces de Rodolphe il continue à chanter.*

Houra ! houra ! sur ces méchants !

RODOLPHE.

Tu ne te tairas pas !
Tu le veux !... Eh bien donc ! que ton juste trépas...

Il arrache des mains d'un de ses gardes une masse d'armes qu'il lève sur Albert. Celui-ci continue tranquillement à chanter ; Rodolphe va lui briser la tête, lorsque la porte à droite sort Zéila. Elle aperçoit le geste de Rodolphe, pousse un cri et retient son bras, qui allait frapper.

SCÈNE V.

LES PRÉCÉDENTS, ZÉILA.

ZÉILA, *arrêtant Rodolphe et poussant un cri.*

Ah !

A ce cri, Albert se lève, aperçoit Zéila et reste immobile.

ALBERT.

Qu'ai-je vu ?

ACTE IV, SCÈNE VI.

ENSEMBLE.

Quels voiles funèbres
Tombent de mes yeux !
Du sein des ténèbres
Quel jour radieux !
Mon âme si triste
A brisé ses nœuds ;
Je renais, j'existe,
J'ai revu les cieux !

ZÉILA, MARGUERITE, RODOLPHE ET LE CHOEUR, *regardant Albert.*

Quels voiles funèbres
Tombent de ses yeux !
Du sein des ténèbres
Quel jour radieux !
O divine vue !
Céleste flambeau !
Sa raison perdue
Brille de nouveau !

ZÉILA, *voulant courir près d'Albert.*

Albert !!

ALBERT, *tout-à-fait revenu à la raison.*

Zéila !... c'est elle !

RODOLPHE, *retenant Zéila par le bras.*

Arrêtez !...

aux seigneurs qui l'entourent.

Pour dompter cette âme si rebelle,
Quelques instants, mes amis, laissez-moi.

Ils sortent.

SCÈNE VI.

ZÉILA, RODOLPHE, ALBERT, MARGUERITE.

QUATUOR.

RODOLPHE, *à Zéila.*

Ainsi, jusqu'à ce jour, dédaigneuse et cruelle,
Vous avez refusé mon amour et ma foi !

ALBERT.

O bonheur !

RODOLPHE, *à Zéila, lui montrant Albert.*

Maintenant, vois-tu bien cet esclave
Qui nous insulte et qui nous brave !...
A toi, son sort !... Ce front, qui n'a pu se courber,
Sous la hache sanglante à l'instant va tomber !

ZÉILA.

Ciel !

RODOLPHE.

Mais, si plus douce ou moins fière,
Tu deviens ma compagne, à lui sa grâce entière !
Qu'il parte !... je lui rends sa liberté, ses droits...
Prononce donc ; ses jours dépendront de ton choix.

ENSEMBLE.

ALBERT.

O sort affreux ! plus d'espérance !
Il veut en vain nous désunir !
Repousse une horrible clémence,
Zéila, laisse-moi mourir !

ZÉILA.

O sort affreux ! plus d'espérance !
Que faire, hélas ! que devenir ?

à Rodolphe.

Suspends l'effet de ta vengeance
Et laisse-moi plutôt mourir !

RODOLPHE.

C'est mon arrêt, c'est ma sentence !
Oui, tel est notre bon plaisir !
De l'amour ou de la vengeance
Le bonheur à moi va s'offrir !
Allons ! allons ! il faut choisir !

MARGUERITE.

O sort affreux ! plus d'espérance !
Que faire, hélas ! que devenir ?
Mon Dieu ! détourne sa vengeance !
S'il meurt, je n'ai plus qu'à mourir !

RODOLPHE, *avec impatience.*

Allons ! c'est trop attendre ! et je choisis moi-même !

à ses hommes d'armes.

Frappez !

ZÉILA, *rassemblant toutes ses forces.*

Non, non ! qu'il vive !

ALBERT, *à part, avec douleur.*

Ah ! malheureux !

RODOLPHE, *à Albert.*

Rends grâce à ma bonté suprême !
Va, sois libre !... Ce jour verra combler mes vœux !...

ENSEMBLE.

(*Mouvement vif et animé.*)

RODOLPHE *et* MARGUERITE.

Enfin, non sans peine,

La belle inhumaine,
Sous mes/ses lois enchaîne
Elle et ses amours!
Tel est mon/son usage,
Et la plus sauvage,
Comme la plus sage,
Me/Lui cède toujours.

ALBERT.

Clémence inhumaine,
Qui brise ma chaîne!
Qu'en mon cœur la haine
Succède aux amours!
Je sors d'esclavage,
Et bientôt ma rage,
Vengeant mon outrage,
Tranchera ses jours!

ZÉILA.

O mortelle peine!
O prière vaine!
Le destin m'enchaîne,
Hélas! pour toujours!
Du moins de sa rage
Et de l'esclavage
L'hymen qui m'engage
A sauvé ses jours!

Rodolphe sort par la gauche; des dames du château emmènent Zéila par la droite. Albert et Marguerite restent seuls.

SCÈNE VII.

MARGUERITE, ALBERT.

ALBERT, *se jetant sur le fauteuil à droite, et rêvant.*

Elle est en sa puissance!... et la fille des cieux
Va s'enchaîner à lui par d'invincibles nœuds!...
Au prix de mon bonheur et de toute ma vie,
Et dussé-je à jamais renoncer à la voir,
Si je pouvais la rendre au ciel!... à sa patrie!
Et retrouver ce voile!... son pouvoir,
Son talisman!!

MARGUERITE, *qui s'est approchée de lui et qui vient d'entendre ces derniers mots, s'appuie sur le dos du fauteuil et lui dit :*

J'entends! un voile!
Caché, là... sur ton cœur!... un précieux tissu!

ALBERT, *vivement.*

Qui te l'a dit?

MARGUERITE.

Eh bien! qu'en ferais-tu?

ALBERT, *de même.*

Si mon ange, si mon étoile
Me le rendait... D'un infâme tyran
Je me vengerais!

MARGUERITE, *l'approuvant.*

Bien!

froidement.

Et si ce talisman
Etait entre mes mains!!

ALBERT, *hors de lui.*

Mon sang, ma vie entière
Ne pourraient pas m'acquitter envers toi!
O Marguerite! écoute-moi!...
Marguerite, entends ma prière!
Ce voile... au nom du ciel! ce voile, rends-le-moi!
Et je jure...

MARGUERITE.

Déjà, ne m'as-tu pas trahie?

ALBERT.

Quelles preuves alors te faut-il de ma foi?
Ordonne, et sur-le-champ tu seras obéie!...

MARGUERITE, *vivement.*

Ah! que dis-tu? tais-toi!... tais-toi!...
Rodolphe, impatient de sa belle conquête,
Presse de son hymen la pompe qui s'apprête!

SCÈNE VIII.

LES PRÉCÉDENTS, SEIGNEURS DES ENVIRONS, VASSAUX et VASSALES *du domaine de Rodolphe.*

CHŒUR ET MARCHE.

Du haut des tourelles altières
Flottez au vent, riches bannières!
Et nous, vassaux de monseigneur,
Chantons, célébrons son bonheur!
Joie infinie!
Il se marie!
Gloire au noble châtelain,
Notre seigneur suzerain!

RODOLPHE *entre, tenant Zéila par la main.*

Qu'elle est belle ma fiancée!

ZÉILA.

De terreur je me sens glacée!

ACTE IV, SCÈNE VIII.

RODOLPHE, *à son intendant et aux femmes du château.*

Apportez-lui tous mes joyaux
Et mes ornements les plus beaux !
Que pour l'autel on la pare au plus vite !
Allons, femmes, dépêchez-vous !

ALBERT, *au coin du théâtre à gauche, à Marguerite.*

Ah ! Marguerite ! Marguerite !...
Ce voile, rends-le-moi, je t'en prie à genoux !
Et si quelque soupçon reste en ton cœur jaloux,
Rends-le... non pas à moi !...
montrant Rodolphe.
Mais à sa fiancée,
A Zéila !

MARGUERITE, *étonnée.*

Comment ?

ALBERT.

Et je te le promets,
J'en jure par le Dieu qui lit dans ma pensée,
Zéila pour nous tous est perdue à jamais.

MARGUERITE, *à part et hésitant.*

Ah ! que dit-il ?

RODOLPHE, *qui pendant ce temps a causé au coin du théâtre à droite avec les seigneurs ses amis, se retourne et s'approche de Zéila que l'on pare en ce moment.*

Eh quoi !... pas encor prête !
à Marguerite.
Femme, que l'on s'empresse !

MARGUERITE, *avec dépit.*

Oui, noble conquérant,
La mariée aura terminé sa toilette
Dans un instant !

Marguerite sort par la porte à droite en jetant sur Albert un regard d'intelligence.

ZÉILA, *s'avançant sur le bord du théâtre.*

Mes sœurs !... mes sœurs !... ce fatal hyménée,
Le laisserez-vous s'accomplir ?
M'avez-vous donc abandonnée ?
Mes sœurs ! mes sœurs ! venez me secourir !
Du haut des cieux, venez me secourir !

On entend en dehors et par les croisées du fond le chant des fées du premier acte.

ENSEMBLE.

ZÉILA, *avec joie et écoutant.*

Ah ! que mon âme est émue !
O sons harmonieux !... chants mes premiers amours !
Mes sœurs ! mes sœurs ! vous m'avez entendue,
Et vous venez à mon secours !
. . . .
Oui, vous venez à mon secours !!

ALBERT.

Sort qui m'épouvante !
Fatal avenir !
De crainte et d'attente
Je me sens frémir !

RODOLPHE.

O sort qui m'enchante !
O doux avenir !
Mais que l'heure est lente,
Je me sens mourir !

En ce moment Marguerite portant un voile, et d'autres femmes portant l'une le bouquet et l'autre la couronne de mariée, sortent de la porte à droite et entourent Zéila.

LES FEMMES, *plaçant sur la tête de Zéila une couronne de roses blanches.*

Sur le front de la fiancée
Que la couronne soit placée,

MARGUERITE, *lui attachant le voile qu'elle vient d'apporter.*

Ainsi que ce beau voile blanc...
regardant Albert avec intention.
Gage d'un auguste serment !...

Le voile est attaché sur la tête de Zéila et flotte sur ses bras. Elle le regarde... le reconnaît.

ZÉILA.

Qu'ai-je vu ?...
Ce voile !! ... Ah ! le ciel m'est rendu !

Au moment où Rodolphe s'avance pour lui donner la main, elle s'élève dans les airs. Tous les assistants effrayés de ce prodige se prosternent et tombent à genoux.

LE CHŒUR, *prosterné.*

O merveille inouïe !

ALBERT, *seul, debout et tendant ses bras vers Zéila qui s'élève dans les airs.*

Ange des cieux, vole vers ta patrie !

Zéila disparaît par la croisée à gauche, et s'élance dans la campagne. Tous les assistants poussent un cri d'étonnement, et pour la suivre encor des yeux, se précipitent en désordre hors de la salle d'armes.

ACTE CINQUIÈME.

Une plaine dans les airs, au milieu des nuages.

SCÈNE I.

A gauche du spectateur, ZÉILA, redevenue fée, dort sur un nuage; à côté d'elle, et plus loin, debout ou assises sur d'autres nuages, EDDA et D'AUTRES FÉES forment différents groupes, jouent de la lyre ou se livrent à des danses; d'autres dirigent leur vol vers une région plus élevée. Des chœurs invisibles se font entendre.

LE CHOEUR.

Elle dort!... glissez en silence
Sur les nuages azurés;
Que sur son front plein d'innocence
Descendent les songes dorés!

ZÉILA, *rêvant.*

Albert!

EDDA, *à ses compagnes.*

Quel est ce nom? et que veut-elle dire?

ZÉILA, *avec douleur.*

Albert! Albert!

EDDA.

Voici trois jours que notre sœur
Est enfin revenue en ce céleste empire;
Et cependant elle est triste et soupire!
Soupirer au sein du bonheur!

LE CHOEUR.

Elle dort!... glissez en silence
Sur les nuages azurés;
Que sur son front plein d'innocence
Descendent les songes dorés!

On entend plusieurs accords de harpe et des sons de cor dans le lointain.

EDDA.

Ecoutez! écoutez! la reine nous appelle!
Courons, mes sœurs, courons près d'elle.

Toutes les fées s'envolent ou disparaissent sur les nuages qui les emportent.

EDDA, *s'approchant de Zéila qu'elle réveille.*

Zéila! Zéila! n'as-tu pas entendu?
La reine nous attend!

ZÉILA, *s'éveillant.*

Albert!... que me veux-tu?

regardant autour d'elle et apercevant Edda.

Ah! pardon!... je te suis.

Edda disparaît.

SCÈNE II.

ZÉILA, *seule.*

Sans doute à quelques fêtes!
Dans d'éternels plaisirs s'écoulent tous nos jours!
Toujours danser! chanter toujours!
C'est triste! et dans ces lieux, à l'abri des tempêtes,
Tout respire un céleste, un immortel ennui!
Albert!... auprès de toi ce n'était pas ainsi!

AIR.

Que Dieu daigne m'entendre!
Et qu'il t'élève à moi
Ou me laisse descendre
Vers toi!
Mon bien-aimé... vers toi!
Qui me rendra mes chaînes

Et mes jours de douleur?
Mes tourments et mes peines,
Hélas! et mon bonheur?...
Albert... que Dieu daigne m'entendre!
Et qu'il t'élève à moi
Ou me laisse descendre
Vers toi!
Mon bien-aimé, vers toi!
Sur terre et loin de moi, que fait-il à présent?

Elle regarde au-dessous d'elle à travers les nuages.

De ma perte il ne peut supporter le tourment!
A sa douleur, à son amour fidèle,
Il veut périr!... et je suis immortelle!

avec douleur.

Je ne puis vivre, hélas! ni mourir avec lui!

SCÈNE III.

ZÉILA, EDDA *et* PLUSIEURS FÉES.

EDDA, *accourant avec joie près de Zéila.*

Aux yeux de tous notre reine aujourd'hui
Veut te parer d'une splendeur nouvelle.
Pour prix de ton exil, ma sœur, elle promet
D'exaucer ton premier souhait!

ZÉILA, *vivement.*

Qu'ai-je entendu?

EDDA.

Sa parole est sacrée!
Tu n'as qu'à demander et tu peux voir encor
Augmenter ta puissance, et sur un trône d'or,
A sa droite, t'asseoir brillante et révérée.
Elle paraît!...

SCÈNE IV.

Les nuages du fond s'entr'ouvrent et on aperçoit LA REINE DES FÉES *au milieu de sa cour, sur un trône d'or et environnée de rayons lumineux.*

ZÉILA, *sur le devant du théâtre et se prosternant.*

O reine! est-il vrai qu'aujourd'hui
Le plus cher de mes vœux par toi sera rempli?

LA REINE DES FÉES.

Je le jure! crois-en mon pouvoir tutélaire.

ZÉILA.

Eh bien donc! laisse-moi retourner sur la terre

Sauver celui que j'aime et qu'hélas! j'ai quitté!
Laisse-moi renoncer à l'immortalité!

LA REINE DES FÉES.

Ma fille! Zéila! c'est toi qui nous délaisses!
Toi qui veux fuir tes sœurs et ce séjour chéri!

ZÉILA.

Reine! j'ai tes promesses.

LA REINE DES FÉES.

Malheureuse!

ZÉILA, *avec amour.*

Non pas! Je serai près de lui!

LA REINE DES FÉES.

Mais avant ce départ, hélas! que puis-je faire
Pour adoucir ton sort et pour charmer tes jours?
Demande.

ZÉILA.

Eh bien! fais qu'il m'aime toujours,
Et le ciel avec moi descendra sur la terre.

LA REINE DES FÉES.

J'exauce pour vous seuls une telle prière!
Allez, offrez tous deux au terrestre séjour
Le spectacle inconnu d'un immortel amour.
De votre vie embellissant les heures,
Du haut des célestes demeures,
Sur vous nous veillerons encor;
Et quand viendra le sort trancher vos destinées,
Nous descendrons sur un nuage d'or
Chercher vos âmes fortunées.

LE CHOEUR.

Adieu, notre sœur chérie;
Adieu, fille des cieux;
Ingrate qui nous fuis et quittes ta patrie!
En tous lieux te suivront et nos cœurs et nos vœux.
Adieu, notre sœur chérie,
Adieu, fille des cieux!

Sur un geste de la reine des fées les nuages s'entr'ouvrent. Zéila descend des cieux. On la voit passer rapidement à travers les nuages qui, diversement colorés par le soleil, changent successivement d'aspect; enfin, après quelques minutes de voyage, on voit la terre apparaître, d'abord le sommet des montagnes, puis les édifices, les villes, les fleuves, les prairies, la maison, puis la chambre qu'habitait Albert au troisième acte. Albert, seul dans sa chambre et livré au désespoir, va mettre fin à ses jours... Il lève les yeux et voit sur un nuage Zéila qui descend vers lui en lui tendant les bras. Il s'y précipite et la toile tombe.

FIN.

EXTRAIT DU CATALOGUE DE BEZOU, LIBRAIRE, RUE MESLAY, N° 34.

FRANCE DRAMATIQUE.

La France dramatique, l'une des publications dont le succès a été le plus rapide, est à coup sûr celle qui a le plus d'avenir et où tous les chefs-d'œuvre de la scène se trouvent réunis.

Parmi les pièces dont se compose cette collection, on remarque : Bertrand et Raton, le Mariage d'argent, la Muette, la Juive, les Huguenots, Robert-le-Diable, la Dame Blanche, le Châlet, la Camaraderie, Clermont, etc., etc., de M. SCRIBE;

Don Juan d'Autriche, Marino Faliero, l'École des Vieillards, une Famille au temps de Luther, les Vêpres Siciliennes, les Comédiens, le Paria, Louis XI, etc., de M. CASIMIR DELAVIGNE;

Richard d'Arlington, la Tour de Nesle, Henri III, etc., etc., de M. ALEXANDRE DUMAS, et beaucoup d'autres ouvrages dignes de figurer dans cette belle collection, et dont, au surplus, il suffit de citer les titres.

Pièces en 2 Livraisons, à 60 Centimes.

L'Abbé de l'Épée, Agamemnon, l'Assemblée de Famille, l'Auberge des Adrets, Avant, Pendant, et Après, Alix ou les deux Mères, le Barbier de Séville, comédie, la belle Écaillère, la Belle-Mère et le Gendre, le Bénéficiaire, Bertrand et Raton, le Bourru bienfaisant, la Belle-Sœur, le Bourgeois de Gand, les Bayadères de Pithiviers, la Boulangère a des écus, le Commis-Voyageur, la Camargo, Clermont, la Camaraderie, C'est encore du bonheur, le Célibataire et l'Homme marié, Chacun de son côté, le Chevreuil, le Chiffonnier, Clotilde, la Cocarde tricolore, les Comédiens, la Courte-Paille, le Conteur, le Couvent de Tonnington, le Chevalier du Temple, le Camp des Croisés, Céline, Candinot, roi de Rouen, la Dame de Laval, les deux Philibert, les deux Frères, la Dame blanche, la Démence de Charles VI, les deux Anglais, les deux Gendres, les deux Ménages, Dix ans de la vie d'une femme, Dominique ou le Possédé, Don Juan d'Autriche, Don Sébastien de Portugal, Dagobert, l'École des Vieillards, les Étourdis, l'Enfant trouvé, l'Enfant de Giberne, Elle est Folle, le Facteur, Frascati, Faublas, Fanchon la vielleuse, les Frères à l'épreuve, Farruck le Maure, la Ferme de Bondy, la Fille d'honneur, la Famille Glinet, Fra-Diavolo, Frédégonde et Brunehaut, Françoise, et Francesca, Guillaume Colmann, le Gardien, Gustave, opéra, Glénarvon, Guillaume Tell, opéra, Grand-Papa Guérin, le Général et le Jésuite, les Huguenots, Honorine, le Hussard de Felsheim, Henri III, l'Héroïne de Montpellier, l'Homme au Masque de fer, Henri Hamelin, l'Incendiaire, les Indépendants, l'Idiote, les Infortunes de M. Jovial, Il y a seize ans, Jeanne d'Arc, Jean, la Juive, la Jeunesse de Richelieu ou le Lovelace français, la Laitière de Montfermeil, Léontine, Louis XI, Luxe et Indigence, Louise de Lignerolles, le Mariage d'Argent, Marie Stuart, le Mari de ma Femme, Marie Mignot, Marino Faliero, le Marquis de Brunoy, Marie, opéra, le Médisant, Madame Dubarry, Misanthropie et Repentir, Madame de Sévigné, la Muette, Marguerite, Madame Grégoire, le Ménestrel, Mademoiselle Clairon, Mademoiselle Nichon, les Maris vengés, Napoléon, ou Schœnbrunn et Sainte-Hélène, l'Obstacle imprévu, le Paria, la Passion secrète, le Paysan perverti, le Père de la Débutante, Pinto, Perinet Leclerc, la Princesse Aurélie, la Pie voleuse, drame, le Pré aux Clercs, la Prison d'Edimbourg, le Philosophe sans le savoir, le Pauvre Idiot, le Piou-Piou, le Perruquier de la Régence, le Planteur, le Précepteur à vingt ans, Peau d'Ane, la première Affaire, Richard d'Arlington, Robert chef de brigands, Robin des Bois, le Roman, Randal, Richard Savage, Ruy-Brac, Robert-le-Diable, Sophie Arnould, Suzette, Samuel le marchand, Sept Heures, les Serments, Thérèse, drame, Trente Ans, la Tour de Nesle, Thérèse, opéra, une Journée à Versailles, un Moment d'Imprudence, un Premier Amour, un Fils, une Famille au temps de Luther, une Fête de Néron, une Présentation, Vert-Vert, Victorine, les Vêpres Siciliennes, Valerie, le Voyage à Dieppe, la Vie de Garçon, la Vie de Château, Zampa.

Pièces en 1 Livraison, à 30 Centimes.

Angéline, l'Avoué et le Normand, les Anglaises pour rire, les Bonnes d'Enfants, Bruis et Palaprat, le Bourgmestre de Saardam, le Budjet d'un Jeune Ménage, Calas, Carlin à Rome, le Camarade de Lit, les Cuisinières, la Carte à payer, Catherine, les Couturières, le Changement d'Uniforme, la Chanoinesse, les Camarades du Ministre, le Charlatanisme, le Coin de Rue, le Châlet, le Caleb de Walter-Scott, le Ci-devant Jeune Homme, la Cachucha, C'est Monsieur qui paie, les deux Edmond, les deux Jaloux, le Dîner de Madelon, la Demoiselle à marier, le Duel et le Déjeuner, les deux Maris, deux Vieux Garçons, Estelle, Est-ce un Rêve, la Famille improvisée, la Famille de l'Apothicaire, la Fille de Dominique, la Foire Saint-Laurent, la Fille d'un Voleur, l'Héritière, les Héritiers, Heur et Malheur, Harnali, l'Homme de soixante ans, la jeune Femme colère, le jeune Mari, Jaspin, pièce grivoise, la Liste de mes Maîtresses, le Landau, le Lorgnon, la Maison en Loterie, M. Jovial, les Malheurs d'un joli Garcon, les Malheurs d'un Amant heureux, le Mariage de raison, le Mariage impossible, le Mari et l'Amant, les Maris sans Femmes, le Mariage extravagant, Marius à Minturnes, Mémoires d'un Colonel, la Mère au Bal, Michel Perrin, Michel et Christine, Mil Sept Cent Soixante, Madame Lavalette, le Marquis de Carabas, Madame Gibou et Madame Pochet, Monsieur Sans-Gêne, M. Chapolard, Moirouð et Cie, Mal Noté dans le Quartier, Mademoiselle Bernard, Mademoiselle d'Aloigny, la Mantille, Ninon chez Madame de Sévigné, le Nouveau Pourceaugnac, l'Ours et le Pacha, l'Ouverture de la Chasse, les petites Danaïdes, le Philtre champenois, les Projets de Mariage, les Poletais, Picaros et Diégo, Pourquoi, le Poltron, Philippe, la Poupée, Preville et Taconnet, Prosper et Vincent, Quatre-vingt-dix-neuf Moutons et un Champenois, Rabelais, Rigoletti, le Rossignol, les Rivaux d'eux-mêmes, le Secrétaire et le Cuisinier, sans Tambour ni Trompette, la Seconde Année, le Sculpteur, le Serment de Collège, Toujours, les Trois Gobe-Mouches, un Duel sous Richelieu, une Faute, une Heure de Mariage, un Ange au sixième Étage, un Testament de Dragon, une Position délicate, un Bal de Grisettes, une Saint-Hubert, un Mari charmant, un Page du Régent, la Vieille, les Vieux Péchés, le Vagabond, Werther, Zoé.

Imprimerie de E. DUVERGER, rue de Verneuil, n° 4.

www.ingramcontent.com/pod-product-compliance
Lightning Source LLC
Chambersburg PA
CBHW060513050426
42451CB00009B/958